공부가 인생에 무슨 쓸모인지 묻는다면?

공부가 인생에

무슨 쓸모인지 묻는다면?

내 삶에 필요한 한 가지를 찾아가는
인문학 수업

이진민

하성란

백정연

김미소

안녕하세요, 여러분.

본격적인 이야기를 시작하기 전에 질문을 던져 보겠습니다.

> Q. 공부, 열심히 하고 있나요?
>
> Q. 공부하는 거 좋아하나요?
>
> Q. 왜 공부를 해야 한다고 생각하나요?
>
> Q. 지금 하고 있는 공부는 내 삶에 어떤 쓸모가 있을까요?

이 질문들에 어떻게 대답할지 궁금합니다.

간단해 보여도 답하기에 마냥 쉽지 않을 수 있어요.

정답이 정해진 것 같지만, 그렇지 않으니까요.

입시와 성적만이 아닌 '내 삶에 필요한 진짜 공부'가 무엇인지,

지금부터 우리 같이 생각해 보면 좋겠어요.

책에서 만나는 네 가지 테마,

철학-문학-다름과 존중-언어와 세계 이야기를 통해

배움의 씨앗을 발견하길 바랍니다.

자, 준비되었나요?

차례

읽기 전, 너와 나의 체크리스트

☐ 바로 떠오르는 철학자가 둘 이상 있다.

☐ 내 삶의 철학은 ....
(이)라고 이야기할 수 있다.

☐ 철학은 나와는 멀리 떨어져 있는 세계의 일
인 것 같다.

☐ '나를 돌보고 세상을 읽는 일'이라는 제목이
철학과 무슨 관계인지 궁금하다.

☐ 철학은 암기 과목처럼 철학자의 이름과 주
장을 공부하는 과목이라고 생각한다.

1부

철학, 내 삶의 101: 나를 돌보고 세상을 읽는 일

이진민

공부의 기초 다지기

본문에서 읽어 나갈 이야기의 포인트를 먼저 공개합니다!

기초를 단단히 다지고 시작하면 훨씬 더 집중할 수 있겠지요?

----

* 철학의 쓸모는, 모든 것을 쓸모라는 기준으로 판단하려는 바로 그

  런 태도에 질문을 던지는 것에 있다.

----

* 우리 교실 안에도 철학자들이 많이 살고 있다.

----

* '어떻게' 공부를 잘할 수 있을지보다 '왜, 무엇을 향해' 공부를 하는

  지 아는 것이 더 중요하다.

----

* 정답이 없는 세상에서 그나마 나를 이끄는 힘은 끊임없는 생각과

  질문이다.

----

* 철학은 공부의 대상이기보다 삶의 자세다. 나를 돌보고 세상을 읽

  으며 한 발씩 나아갈 수 있도록 도와주는 안내자의 역할을 한다.

이진민

철학을 좋아하는 나를 소개합니다

저는 한국과 미국에서 정치철학을 공부했고, 지금은 독일 시골 마을에서 책을 읽고 글을 쓰며 강의를 합니다.

공부는 왜 이렇게 예나 지금이나 어려운 걸까 하는 생각으로 공부를 하고, 세상이 좀 더 다정해졌으면 하는 마음으로 글을 쓰고, 배운 건 남에게 주어야 한다는 생각으로 강의를 해요. 세상에 해가 되지 않는 글과 생각을 내놓는 사람이 되고 싶다는 커다란 목표를 가지고 있고요, 제 아이들에게 큰 해가 되지 않는 편안한 엄마가 되는 것 역시 제 인생의 중요한 목표입니다.

저는 어렸을 때부터 읽고 쓰는 것을 좋아하는 '책탐' 많은 아이였어요. 조금 커서는 책탐에 버금가는 식탐을 자랑하며 건장한 청소년기를 보내기도 했지요. 지금은 고국의 냉면과 떡볶이를 그리워하며 딱딱한 빵 쪼가리를 씹어 먹고 있답니다. 저는 독일 빵처럼 딱딱하게 느껴지는 철학을 일상의 말랑말랑한 언어로 풀어내 소통하는 일에 관심이 많아요. 그래서 여러 책을 쓰면서 다양한 시도를 하고 있지요. 이번 책도 그런 시도 중 하나라고 생각해요. 여러분과 이렇게 글로 닿을 수 있어 반갑고 행복합니다!

딱 한 가지.

삶에 꼭 필요한 한 가지를 꼽는다면 과연 여러분은 무엇을 떠올릴지 궁금합니다. 공기나 물처럼 그야말로 생존에 필수적인 것을 꼽는 친구도 있을 테고, 가족이나 친구처럼 그들이 없다면 내가 무너질 것 같은 존재를 생각하는 친구도 있을 겁니다. 꿈과 사랑, 희망이나 믿음처럼 아름다운 단어를 떠올리는 친구도, 돈이나 와이파이처럼 진짜 이게 없으면 딱 죽을 것 같은 게 생각나는 친구도 있을 거예요. 아니면 냉면이나 떡볶이처럼 '나는 이것만 먹고도 평생 살 수 있어' 하는 최애 음식을 꼽는 친구가 있을지도 모르겠네요. 이런 답의 갈래를 보면 여러분이 가진 삶의 철학이 보입니다. 그리고 저는 여러분에게 삶에 꼭 필요한 한 가지로 바로 철학을 들이밀어 보려고 이 글을 쓰고 있답니다.

나랑 아무 관계도 없어 보이는 철학을 내 삶에 꼭 필요한 한 가지로 꼽다니 대체 무슨 생각이냐고요? 거기서 무슨 돈이 나올 것 같지도 않고, 내게는 별 쓸모도 없어 보이는데 이게 중요하다고? 아니 심지어 꼭 필요하다고?

저도 여러분 나이에는 딱 그런 생각을 했답니다. 영어로는 레스토랑 간판이라도 읽고 수학으로는 그 레스토랑에서 나온 밥값이라도 계산할 텐데, 철학은 대체 무슨 쓸모가 있겠느냐고요. 그랬던 제가 이제 이렇게 뻔뻔한 얼굴로 여러분에게 철학을 권하고 있군요. 철학의 쓸모는, 모든 것을 쓸모라는 기준으로 판단하려는 바로 그런 태도에 질문을 던지는 데 있습니다. 저는 사람다운 사람으로 행복하게 살기 위해서는 그런 종류의 질문이 무척 중요하다고 생각하거든요.

"삶에 꼭 필요한 쓸모 한 가지를 내가 이야기할 수 있다면?"

이 책의 공저자들이 공통적으로 받아 든 글감입니다. 그리고 저는 철학이 그 답이 될 수 있다고 생각하는 사람이에요. 그 이유는 해당 질문을 이루는 중요한 단어들, 이를테면 삶, 필요, 쓸모 같은 개념 그 자체를 가만히 응시하면서 질문의 방향을 고민하는 가장 근본적인 일을 철학이 하기 때문이죠. 철학이 대체 뭐기에 그런 걸 하냐고요? 이제부터 차근차근 그 이야기를 나눠 볼 참입니다. 우선, 철학은 질문과 방향의 학문이라는 점을 기억해 주세요. 글 첫머리에 꼽은 여러 답 속에 여러분이 가진 철학이 보인다고 했죠? 각자 어느 쪽을 즐겨 바라보며 걷고 있는지, 제시한 답 속에 그 방향이 보인 것입니다.

제 이야기를 종합하자면 이렇습니다.

"삶에 꼭 필요한 쓸모 한 가지로 철학을 꼽는데, 철학의 쓸모는 바로 쓸모를 질문하는 그 태도에 있다."

쓸모라는 단어가 너무 많이 나와서 어지럽죠? 꼭 상추로 상추 싸 먹자는 소리 같기도 하고요. 대체 이게 무슨 소린지 의심하는 마음으로 (의심은 철학의 기본이므로 두 팔 벌려 환영합니다!) 제 얘기를 한번 들어 봐 줄래요?

내 주위는 온통 철학으로 가득해

저는 정치철학을 전공했습니다. 한국과 미국 대학에서 열심히 (…… 일단 그런 걸로 합시다) 공부해서 학위를 마치고, 지금은 철학자의 나라 독일에서 글을 쓰며 강의를 하고 있어요. 제가 쓴 책들은 제목이나 부제에 '철학'이라는 단어가 빠지지 않고 들어가는 편이지만, 철학 자체에 대한 소개나 분석이기보다는 대체로 우리가 사는 이야기를 담습니다. 철학이란 원래 우리가 사는 이야기거든요. 나와 이 세상에 관한 이야기, 너와 함께 울고 웃고 화내고 기뻐하는 이야기. 믿을 수 없겠지만 우리 일상에는 철학이 가득하답니다. '삶에 꼭 필요한 한 가지'를 이야기하는데 삶과 동떨어진 것을 꼽을 수는 없겠죠?

여러분은 철학이라고 하면 어떤 생각이 드나요? 있어 보이긴 하는데 당최 무슨 소린지 알 수 없는 말들, 고리타분하고 현실과는 동떨어진 것. 아마 날개 달린 유니콘이나 봉황새 같은 느낌으로 여러분에게 퍼덕퍼덕 다가올지 모르겠네요. 실은 청소년기의 제게도 그랬답니다. 구름 위에 있는 말들 같았고, 철학을 공부하는 사람은 어딘가 좀 별난 사람 같았어요. 어른들은 거기에다 '밥 굶기 딱 좋다'는 말로 가뜩이나 거리감이 느껴지는 철학에 찬물을 끼얹곤 했죠. 오래된 경전 같은 두꺼운 책 속에 죽어 있는 회색 글자의 느낌이었다고 할까요? 여러분도 아마 비슷하게 느끼지 않을까 싶군요.

하지만 철학은 생각보다 알록달록한 모습으로 여러분 가까이에 있답니다. 쉬운 예로 여러분이 좋아하는 영화와 노래를 들어 볼까요? 영화 〈매트릭스〉 시리즈에는 고대 그리스 철학자 플라톤과 프랑스 근대 철학자 데카르트의 철학이 깊이 깔려 있어요. 플라톤의 '동굴의 우화'와 꼭 닮은 매트릭스에서 주인공 네오는 마치 데카르트처럼 성찰하면서 진실의 세계와 만나게 되거든요. 봉준호 감독의 〈설국열차〉에는 『자본론』으로 유명한 마르크스가 타고 있고, 〈기생충〉의 박 사장 집에는 변증법의 철학자 헤겔이 살아요. 열차의 머리 칸에서 꼬리 칸으로 나뉘어지는 계급사회적 장치라든가, 결국 체제의 근본적 변혁이 필요하다는 발상에서는 마르크스의 혁명적 향기가 나죠. 박 사장 집의 오묘한 구조에다가 헤겔의 '주인과 노예의 변증법'을 대입해 보는 것도 흥미로운 일입니다.

노래로 가 볼까요? BTS의 〈Fake Love〉에는 팔짱을 낀 루소가, 장기하와 얼굴들의 〈그건 니 생각이고〉에는 박자에 맞춰 물개 박수를 치는 마르쿠스 아우렐리우스가 있답니다. 비틀스의 〈Let It Be〉에는 도가 사상의 창시자 노자 할아버지가 차

한잔 드시면서 말간 눈으로 앉아 있고요.

이게 다 무슨 소리냐고요? "널 위해 예쁜 거짓을 빚어내/ 날 지워 너의 인형이 되려 해," "나도 내가 누구였는지도 잘 모르게 됐어"하고 노래하는 BTS의 〈Fake Love〉는 허영심 (amour propre)과 남들의 인정을 받으려 하는 인정투쟁(認定鬪 爭)에 관한 깊이 있는 성찰을 고려할 때 거의 루소 헌정곡이라 고 볼만한 노래랍니다. 저는 비틀스의 오랜 팬인데 〈Let It Be〉 를 들을 때마다 도가 사상의 무위(無爲 : 일체의 부자연스러운 행위 가 없음)라는 철학적 개념이 참 아름답게 깃든 가사라고 생각해 요. 한편 시기와 질투가 많은 타인에게서 벗어나고 싶다면, "타 인이 내 삶에 영향을 미칠 자격을 빼앗으라" 하는 마르쿠스 아 우렐리우스의 말에 장기하 특유의 무심한 표정으로 배경 음악 을 깔면 좋을 것 같지 않나요? "그건 니 생각이고, 난 하나도 부 럽지가 않어."

저는 두 아이를 키우는 엄마인데요. 아이를 키우면서도 철 학자들을 참 많이 만났습니다. 아기가 태어났을 때는 신비한 색감의 그 작은 눈동자에서 "한 인간이 새로 태어날 때마다 우 주는 새롭게 출발한다"라고 말했던 정치철학자 한나 아렌트를 만났고, 몸이 부서져라 아이를 돌보며 고된 육아의 시간을 보

낼 때는 "여성과 노예는 본질적으로 시민이 되기에 적절치 않다"라는 아리스토텔레스의 뜨악한 주장이 새삼 아프게 다가왔지요. 까치발을 들고 까까가 든 선반을 쳐다보던 아이의 모습에서는 시선의 높낮이에 관한 장자의 대붕(大鵬) 이야기가, 아이가 유치원에서 친구와 깔깔거리며 블록을 쌓는 모습에선 파도가 허물고 가도 모래성 쌓기를 반복하는 아이가 되라고 말하던 니체의 얼굴이 겹쳐 보이곤 했어요. 많은 철학자들이 저를 도와줬지만 제 아이들은 특히 정치철학자 주디스 슈클라와 맹자, 루소가 업어 키웠다고 생각합니다.

그뿐인가요. 여러분 교실에도 철학자들이 많이 살걸요? 새학기가 시작된 3월의 교실에는 비교와 경쟁이라는 키워드를 살핀 루소가, 만우절로 뒤집어진 학교엔 웃음의 특성을 명민하게 짚어 낸 홉스가, 중간고사를 앞둔 5월의 교실에는 공부의 의미를 고민했던 공자 할아버지가 여러분을 반짝이는 눈으로 바라보고 있을 거예요. 여학생과 남학생으로 살아가는 문제를 두고는 철학자들도 참 할 말이 많을 텐데, 그중에서 아마 실존주의 철학자이자 작가인 시몬 드 보부아르가 여러분의 머리를 따뜻하게 쓰다듬어 줄 수 있을 겁니다. 수능시험을 앞둔 예민한 교실에는 쇼펜하우어와 니체가 힘내라고 깜짝 콘서트를 열어 주면 좋을 거고요.

어떤가요? 철학은 오래된 화석 같은 이야기가 아니라 이렇게 우리 곁에 생생하게 살아 있어요. 화려한 조명이 나를 감싸듯, 소박한 철학이 우리를 감싸고 있죠. 그 은은한 빛을 바라보고 느끼며 사는 일은 무척 흥미롭고 즐겁답니다. 때로는 큰 깨달음을 주기도 하고, 어떤 날에는 말할 수 없는 위로가 되기도 해요. 철학은 이렇게 삶을 풍요롭게 할 뿐 아니라 하늘을 날 수 있는 날개도, 자갈밭을 함께 걸어갈 지팡이도 되어 줍니다. 제가 철학을 곁에 두었다는 사실이 저는 참 기쁘고 행복해요. 그래서 여러분에게도 권하고 싶은 거예요. 이 철학 한번 잡숴 보라고요.

나는 나를 모르고

제가 처음부터 철학에 관심을 가졌던 것은 아닙니다. 저는 원래 정치외교학을 전공했어요. 세상을 보는 눈을 갖고 싶었거든요. TV 뉴스나 신문이 전하는 대로만 세상을 바라보는 데서 벗어나 스스로 해석하고 판단할 줄 아는 눈을 갖고 싶었고, 저는 그것이 정치외교학이 다루는 분야라고 생각했어요. 돌이켜

보면 제가 정말 흥미를 느꼈던 쪽은 정치나 외교보다는 사회와
문화 쪽에 더 가까웠던 것 같습니다. 하지만 그때는 그걸 잘 몰
랐어요. 세상을 움직이는 힘을 다양하게 파악하는 눈을 갖추지
못했기 때문이죠.

  지금도 만만치 않게 무식한데(흠흠), 그 나이에 뭘 모르는
건 당연합니다. 그러므로 사실 그건 별문제가 아니었어요. 진
짜 문제는 제가 뭘 모른다는 사실 자체를 잘 몰랐던 거였죠. 그
보다 더 큰 문제는 잘 모르면서도 안다고 생각한 거였습니다.
모르면 궁금해하고 질문하면 좋은데, 생각도 별로 안 해 보고
그냥 안다고 생각했어요. 너무 당연하다고 생각한 나머지 딱히
궁금해할 생각조차 하지 않은 거죠.

  '심리학과? 심리를 공부하겠지.' '영문학과? 당연히 영어로
된 문학을 공부하지 않겠어?' 심리나 영어, 문학이라는 단어 안
에 겹겹이 든 의미의 파장을 살피고 느껴 보려는 노력 없이, 또
이 단어들은 나를 어떤 방향으로 움직이게 할지에 대한 깊은
고민 없이, 그저 문자를 해석하는 데 그치는 수준의 자문자답.
자기가 뭘 모르는 줄도 모르면서 다 안다고 생각했던 그 태도
가 가장 큰 문제였던 거죠.

  당시의 제가 소크라테스 할아버지를 만났더라면 좋았을

거예요. "너 자신을 알라"라는 말, 굉장히 유명하죠? 우리가 격언처럼 알고 있는 이 말의 배경은, 스스로 잘 안다고 생각하는 것에 관해 물었을 때 정작 그것을 제대로 아는 사람이 아무도 없었다는 사실에 있습니다. 질문의 왕인 소크라테스는 아무나 붙잡고 질문하기를 좋아했는데요. 그에 따르면 장군은 용기가 무엇인지 몰랐고, 시인은 시를 제대로 정의하지 못했다고 해요. 저는 학생이면서도 앎과 모름의 경계를 분간하지 못했던 것 같습니다. 모르는 건 전혀 부끄러운 일이 아닌데, 잘 모른다는 사실을 들키고 싶지 않았던 것 같기도 해요.

질문을 환영하지 않고 그저 답만 빨리 맞추라는 분위기가 팽배했던 당시의 교실과 사회도 아마 한몫했을 겁니다. 그 분위기는 아직도 크게 나아진 것 같지 않지만, 어쨌든 그런 곳에서 사람들은 어릴 적부터 질문을 속으로 삼키고 거짓으로 아는 척을 하며 살기 마련이거든요.

우리는 기본적으로 뭘 잘 모르는 존재입니다. 아는 것보다 모르는 것이 압도적으로 많죠. 해왕성에는 다이아몬드 비가 내린다고 하는데, 우리는 대체로 비를 하늘에서 내리는 물방울로만 생각하고 평생을 살아갑니다. 물고기 중에는 우리 상상 속 외계 생명체에 더 가까워 보이는 물고기도 정말 많은데, 우리가 이름과 생김새를 정확히 아는 물고기는 평균 열 마리도 채 안

나를 돌보고 세상을 읽는 일

될걸요. 우리의 지식은 정말 놀랄 만큼 단편적이고 유한합니다. 그런데도 인간은 만물의 영장이라고 목에 힘을 주고, 이 우주에서 독보적인 지적 능력을 가진 존재라고 스스로를 한껏 추어올리곤 하죠. (저는 가끔 우리가 지적 능력이 아니라 그저 남을 지적하는 능력이 독보적으로 뛰어난 존재가 아닌가 생각하곤 합니다.)

나를 둘러싼 이 세상만 잘 모르는 게 아니라, 내 안에도 모르는 것투성이입니다. 트로트에도 발라드에도 장르를 가리지 않고 등장하는 가사처럼, 나도 나를 잘 모릅니다. 인간이란 존재가 원래 그래요. 그 '나'라는 변덕쟁이가 시공간이라는 좌표 위에 놓였을 때는 또 얼마나 촐싹거리며 변하게요? 십 년 전의 나와 지금의 나를 한번 비교해 보세요. 원하는 것도, 흥미를 느끼는 대상도, 하고 싶은 일도 꽤 달라지지 않았나요?

내가 나를 잘 모르는 건 당연한 일이기도 합니다. 기본적으로 나와 나를 둘러싼 세상이 시시각각 변하거든요. 그러므로 우리가 늘 뭘 모른다는 사실을 담백하게 인정하고, 내가 무슨 생각을 하며 어느 방향으로 가고 있는지 수시로 돌아보아야 해요. 나를 둘러싼 세상은 어느 방향으로 움직이는지도 살펴야 하고요.

철학이 중요한 이유가 여기에 있습니다. 늘 돌아보고, 방향을 살피는 일이 바로 철학이 담당하는 일이거든요. 우리는 필연적으로 실수도 하고, 적절치 못한 선택도 하게 되어 있어요. 그걸 조금씩 바로잡아 주는 것이 철학입니다. 나는 나를 잘 모르지만, 철학을 곁에 두면 나에 관해 자꾸 질문을 하게 되거든요. 그러면서 조금씩 나와 이 세상을 이해하게 되는 겁니다. 세상 사람들은 '삶의 무기가 되는 철학' 같은 표현으로 철학을 종종 무기에 비유하곤 하지만, 철학은 누군가를 해하기 위한 도구가 아니라 나를 살리고 세상을 지탱하는 도구여야 한다고 생각해요. 그래서 저는 철학이 무기가 아니라 지팡이에 가깝다고 생각합니다. 비틀비틀 길을 걸어가는 인간들에게 꼭 필요한 물건이죠.

그런 맥락에서 저는 삶의 중요한 질문을 던져 보려고 이 책을 집어 든 여러분이 무척 훌륭하다고 생각합니다. 그 시절의 저는 공부에만 매달려 결국 나를 둘러싼 것들을 살피고 고민하지는 못했거든요. 머리에 든 건 많았지만, 동시에 역설적으로 든 것이 무척 없기도 했어요. 당시의 제 뇌는 생각의 도구라기보다는 저장 공간에 더 가까웠거든요.

시간이 지나 세상이 많이 바뀌었지만 입시를 앞에 둔 학생들의 삶은 지난 시절과 크게 다르지 않을지도 모르겠어요. 여러분은 어떤가요? 여러분도 혹시 눈앞의 시험과 성적에만 매달려 집과 학교, 학원을 쳇바퀴 돌듯 오가는 다람쥐처럼 살고 있진 않나요? 그 시절의 저는 팬더의 다크서클과 멧돼지의 풍채를 장착하고 무한히 쳇바퀴를 도는, 잠에 굶주린 거대한 한 마리의 다람쥐였던 것 같습니다. 그저 '어떻게 공부를 잘할 수 있을지'가 중요했지 '왜, 무엇을 향해 공부하는지'에는 정작 별 관심이 없었죠.

방향을 모르고 달려가는 것의 문제가 바로 여기에 있는 겁니다. 장시간 공들여 물을 길어 왔으면 원하던 꽃을 피울 수 있게 그동안 생각해 둔 꽃밭에 부어야 하는데, 물을 빨리 많이 긷는 데만 급급해서 정작 물을 어디로 날라야 하는지 모르는 바보가 되는 거죠. 가족이나 타인에 휩쓸리지 말고, 삶의 골목마다 중요한 질문을 스스로 던져야 하는 이유도 여기에 있어요.

세상을 보는 눈

감사하게도 원하는 과에 갈 수 있었던 열여덟 살의 저는 세상을 보는 눈을 얻게 되리라는 기대에 차 있었습니다. "내 비록 동태의 시력을 가졌으나 이 작은 눈을 갈고닦아 마음의 시력을 밝히고, 세상을 날카롭게 보아 주겠어!"

실제로 저는 그곳에서 제 작은 눈이 번쩍 뜨이는 경험을 많이 했습니다. 서울 강남이라는 작은 우물을 벗어난 적이 없었던 저의 세상은 대체로 균질했고, 다양성이 심각하게 부족했어요. 중고등학교 시절의 공부는 토론이 아닌 고립에 가까웠기에, 친구가 많았어도 지적 교감은 부족했죠. 그런데 전국 각지에서 그리고 다른 나라에서 살다 온 이들과 대화를 나누다 보면 그들의 세상이 제 앞으로 한 발자국씩 다가오는 게 느껴졌어요. 그렇게 다양한 경험이 흐르는 캠퍼스에서 여러 방법으로 세상을 새롭게 보는 기회를 가질 수 있었습니다. 강의실에서도 자유나 정의, 평화, 민주 같은 아름다운 단어들을 배우는 것이 참 좋았죠.

하지만 막상 수업 시간에 배우는 내용은 제가 기대했던 것과는 묘하게 초점이 어긋나는 느낌이었어요. 저는 '왜?'에 관심이 있는데 학교에서는 대체로 '어떻게?'를 가르쳤거든요. 예를 들어 한국에서 국제관계를 배울 때 첫 시간에 언급하는 가장 기본적인 명제는 우리가 약소국으로서 살아남아야 한다는 것입니다. 즉, "어떻게 하면 대한민국이 냉혹한 국제 무대에서 살아남을 수 있을 것인가?" 하는 질문이 가장 먼저 등장하죠. 미국에서 유학하면서 배운 국제관계도 다르지 않았습니다. 첫 시간에 교수님이 던지는 질문은 주체와 객체만 다를 뿐 비슷했어요. "강대국으로서 미국은 어떻게 평화로운 세계 질서를 만들어내고 유지할 것인가?"

결국 '국제정치'라는 이름으로 배우는 내용은 약소국으로서 살아남는 방법, 강대국으로서 세계 질서를 유지하는 방법에 초점이 맞춰져 있었어요. 세상을 보는 눈보다는 세상에서 살아남는 방법 쪽에 밑줄을 긋는 것 같았죠.

물론 '어떻게?'를 배우다 보면 '왜?'에 깊숙이 가닿는 경우도 많았습니다. 하지만 저는 인간들이 왜 서로를 적대시하며 전쟁을 일으키는지, 왜 어떤 자들은 질서를 만들고 어떤 자들은 그 질서 속에서 몸부림쳐 살아남아야 하는지, 세상을 약소국과 강대국으로 나누는 기준은 무엇이고 그 기준은 누가 만드는 것인지, 그렇게 당연하게 전제하고 넘어가는 것들을 더 깊이 다루기를 바랐어요. 그러다 보니 이론에 관심이 가기 시작했습니다. 현실주의니 이상주의니 하는, 세상 속 관계를 바라보는 큰 틀 말이죠.

그렇게 방향을 틀어 두니 단지 국제정치 이론만이 아닌 광범위한 의미의 정치 이론, 즉 정치사상이나 정치철학이라고 부르는 세부 전공에 눈이 갔습니다. 두 영역이 여전히 이어져 있기는 하지만 정치보다는 철학 쪽으로 더 관심이 생긴 거죠. 그렇게 여러 철학자들을 만났어요. 고대에서 현대에 이르는 시간의 축, 다른 한편으로는 동서양과 제3세계를 아우르는 공간의 축, 이렇게 두 축이 만드는 좌표 평면 위에 바둑알처럼 놓인 여러 철학자들을 만났죠.

몇몇 철학자는 팬클럽을 만들어 덕질을 시작하고 싶었을 만큼 얼마나 재미있었는지 몰라요. 내가 원했던 '세상을 보는 눈'은 여기에 모여 있었구나 싶었습니다. 진지하게 인간과 세상의 본질을 파고들었던 질문들, 그리하여 세상을 움직인 생각들. 안경원에 가면 다양한 초점과 시력으로 볼 수 있는 렌즈들이 마치 동그란 비스킷처럼 가지런히 들어 있는 상자가 있죠? 꼭 그런 상자 같았어요. 세상을 볼 수 있는 다양한 초점과 시력이 든 종합 선물 세트 같은 느낌.

이렇게 폭넓게 세상을 바라보는 눈인 철학은, 모든 분야의 기본이자 근본이기도 합니다. 혹시 「철학, 내 삶의 101」이라는 이 글의 제목 속 101이라는 숫자가 뭔지 궁금한 친구가 있나요? 101은 달마시안을 세는 단위나 특정 오디션 프로그램의 참가자 수가 아니라, 어떤 주제의 '가장 기본적인 지식이나 구성 요소'를 의미하는 영어 표현이에요('원오원'이라고 읽습니다).

예를 들어 '쿠킹 101'이라면 칼을 잡고 다치지 않게 재료를 써는 법 등 '요리의 기초 중 기초'를 말하는 거죠. 우리나라에도 특히 강좌를 중심으로 이 표현이 점차 퍼지고 있는데, 미국 대학에는 'History 101', 'Math 101'처럼 어떤 과의 가장 기본이 되는 입문 수업에 101이라는 표시가 붙어요. 신입생에게 해당 분야의 기초를 알려 주고 앞으로의 가이드 역할을 하는 수업이죠. 이런 수업에서는 실제로 철학이 중요한 부분을 차지한답니다. 예를 들어 역사학에서는 우선 역사란 무엇이고 우리는 왜 역사를 공부해야 하는지, 역사는 무슨 역할을 하며 어떤 방향으로 나가야 하는지를 가장 먼저 고민해야겠죠? 그래야 비로소 역사가 연도와 사건의 단순한 나열에서 벗어나게 될 테니까요.

역사에 역사철학이, 교육에는 교육철학이, 과학에는 과학철학이 필요한 이유가 여기에 있어요. 저는 우리 인생이라는 학과의 기초가 되는 전공 필수과목이 있다면 바로 철학이 아닐까 생각합니다. 나를 돌보고 세상을 읽으며 한 발씩 나아갈 수 있도록 가이드를 해 주기 때문이에요.

'어떻게'보다는 '왜'를

철학이 중요한 이유는 세상의 그 어떤 분야이든 핵심은 기술보다 이론에 있기 때문입니다. 여러분이 좋아하는 영화나 드라마, 웹툰 같은 것도 핵심은 탄탄한 줄거리와 그를 떠받치는 중심 생각에 있는 것처럼요. 아무리 예쁘고 멋있는 주인공이라도 이 인물이 왜 이렇게 행동하는지 납득이 가지 않는다면 흥미는 반감됩니다. 그러므로 '어떻게'보다는 '왜'에 충분히 머무른 뒤에 '어떻게'로 나가야 하는 거죠. 그러면서도 꾸준히 '왜'를 확인해야 하는 것이고요.

세상의 많은 분야를 이론과 실제로 나눈다면, 우리는 과도하게 실제에 집착하는 편입니다. 정확히 이게 뭔지, 이게 우리 삶을 어떻게 바꿀지에 대한 깊은 고민 없이 방법부터 습득하고 연마하려는 경우가 많죠. 거칠게 말하자면 '이론보다는 기술이 밥 먹여 준다'라는 생각을 하는 편이라고 할까요?

전쟁 후의 폐허에서 생존이라는 시대적 명제를 받아 안았던 지난 세대는 그렇게 해서 우선은 돈을 벌고 살아남아야 했기 때문에, 방법과 기술에 과도하게 주목했는지도 몰라요. 하지만 그것이 대를 이어 관성처럼 남아서는 곤란합니다. 저는 여러분이 이 관성을 조금씩 깨어 주기 바라요. '어떻게'보다는 '왜'에 관심을 가지는 일의 중요성을 깨닫고, 조금씩 그쪽으로 나아가는 세대가 되기 바랍니다.

쉬운 예를 하나 들어 볼까요? 자동차를 두고 우리는 대체로 어떤 소재를 사용해서 어떤 모양으로 만들지, 어떤 기능을 담고 내부 설계는 어떻게 할지 등 주로 '어떻게'에 관심을 가집니다. 하지만 철학은 좀 더 근본적인 곳을 바라봐요. 자동차가 인간과 어떤 관계를 맺는 도구인지 묻고, 우리가 자동차를 타고 갈 방향을 바라보고, 그 끝에 놓일 세상의 모습을 고민하지요. 거참 세상 쓸데없는 일처럼 보인다고요? 나는 그저 매끈하게 빠진 신상 전기차가 갖고 싶다고요? 잠시만요. 그렇다면 이건 어떤가요? 기술의 발전에만 가치를 둔다면 미래 사회가 과연 어떤 모습일지 한번 생각해 보는 겁니다. 물론 꿈을 현실로 만들어 주는 근사한 기술이 발전하겠지요. 하지만 인간을 자유롭게 복제하고, 더 많은 인간을 획기적으로 살상할 수 있는 신무기 개발도 주저하지 않게 될 거예요. 좀 무섭지 않은가요? 기술도 좋지만 철학에도 밑줄을 두껍게 그어야 하는 이유가 여기에 있습니다.

한 가지 예만 더 들어 볼게요. 최근에는 AI(인공지능, Artificial Intelligence)에 대한 관심이 높아졌지요? AI로 금세 그림도 그리고 책도 쓰고 파티 아이디어도 내놓는 시대가 되었어요. 그간 인간만이 창조적으로 할 수 있다고 여기던 영역에서 매끄러운 결과를 내놓는 AI를 두고 인간의 마음은 복잡해졌습니다. 신기하기도 하고 불안하기도 하죠.

　그런데 이 경우에도 대체로 우리는 냅다 '어떻게'부터 고민하곤 합니다. 어떻게 하면 AI 시대에 경쟁력을 갖추고 살아남을 수 있을지, 챗GPT의 사용법을 누구보다 빨리 익히고, 또 초등학생에게 코딩을 가르치려고 해요. 온갖 미디어에선 4차 산업혁명을 언급하며 뒤처지면 도태된다고 겁을 주죠.

　하지만 철학자들은 왜 우리가 스스로를 꼭 경쟁 속에서 '살아남아야만 하는 존재'로 규정하려는 것인지, 경쟁력이 없더라도 즐거운 삶을 살 수는 없는지 묻습니다. 우리에게 겁을 주고 당장 공부하라고 다그치는 목소리는 어디에서 오는지 의심하죠. 인공지능 기술이 정의나 평화에 역행하는 것은 아닌지, 또 이 기술로 인해 세상에 그늘이 생기는 곳은 없는지 살핍니다. 인간의 삶이 기술에 짓눌려 납작해지지 않도록, 인간이 서투를 수 있는 권리를 보호하기 위해 고민하고요. 어떤가요? 철학자가 조금은 괜찮은 사람들 같지 않나요?

　'어떻게'도 물론 중요하지만, 꾸준히 '왜'를 질문해야 하는 이유는 간단합니다. 방법에만 집중하다 보면 자꾸 방향을 잃기 때문이에요. 자동차라는 세계에 파고들어 기술력을 높이는 것도 좋지만, 그것이 놓일 세상을 고민하지 못한다면 인간의 삶 자체가 위협받을 수도 있어요. 빵이라는 세계에 파고들어 경쟁력을 높이는 것도 좋지만, 기술에 집착하느라 방향을 못 보게 되면 채식주의자에게 세상에서 제일 맛있는 소시지빵을 구워 주는 제빵사가 되는 거죠.

그러므로 당연해 보이고 익숙한 것에 자꾸 질문을 하는 것이 필요합니다. 나는 왜 공부를 하는 거지? 놀 때는 왜 죄책감이 들까? 이 죄책감은 어디서 오는 거지? 밥 두 그릇을 먹고 디저트로 라면을 먹는 것은 진정 인간으로서 하지 말아야 할 행위인 걸까? 나는 왜 이런 이름들로 불리고 있는 거지? 나는 왜 여자로, 너는 왜 남자로 태어났을까? 이런 쓸데없어 보이는 질문들을 던지다 보면 우리가 허겁지겁 뛰어가느라 잃어버리거나 놓치고 있는 것들이 반짝, 구슬처럼 빛나며 떨어져 있는 게 보일 거예요. 이것이 바로 제가 청소년기에 막연히 갖고 싶다고 여겼던 '나를 보는 눈, 세상을 보는 눈'이라고 저는 생각해요.

목적어가 아닌 동사로서의 철학

그런데 저는 여러분이 철학을 열심히 공부하지 않았으면 좋겠습니다. 이 문장을 읽으면 일단 환호하는 친구들과 이 철학자 양반이 지금 제정신인가 의심하는 친구들, 두 부류로 나뉠 것 같은데요. 철학을 공부의 대상으로 여기지 말고, 삶의 자세로 가지고 있기를 바란다는 말입니다.

학창 시절, 우리는 시험과목으로 미술을 공부하느라 우리 주변에 가득한 색채와 형태로서의 미술을 보지 못하고, 수학도 역시 그렇게 공부하느라 세상을 수학적으로 바라보는 기쁨을 찾지 못하죠. 그러므로 저는 철학이 여러분에게 목적어가 되지 않고 동사가 되기를 바랍니다. 철학을 열심히 공부하기보다 여유롭게 철학하며 살기를 바라요. 철학은 대단한 것이 아니라 그저 지혜를 사랑하는 일이고('필로소피'라는 단어의 어원이기도 합니다), 삶을 사랑하는 일이에요. 사랑하는 사람이 생기면 그 사람에 대해 알고 싶은 게 많아지지 않나요? 누군가를 향한 질문이 많아지는 것은 그 사람에 대한 사랑이고, 세상에 대한 질문이 많아지는 것은 이 세상에 대한 사랑이라고 저는 믿어요.

철학이 목적어가 아니라 동사가 되었으면 한다는 말은, 몸은 가만히 둔 채 머리만 굴리며 사는 것을 경계하라는 말이기도 합니다. 머리로만 세상을 이해하려 하지 말고 직접 부딪혀가며 질문하고 답을 찾으면 좋겠다는 말이에요. 세상을 이해하겠다고 홀로 얼굴을 구기고 앉아 있는 것보다, 친구들과 어울려 아무 생각 없이 눈이 없어져라 웃는 게 훨씬 중요할 때가 많습니다. 깨달음은 그렇게 생각을 비우고 있을 때 찾아오기도 하거든요.

인생의 어떤 문제들은 학문이나 앎을 통해서는 전혀 해결할 수 없다는 사실을 반드시 알아야 합니다. 그러므로 철학책 속 사랑의 개념을 이해하겠다며 오만한 자세로 부모님 마음을 아프게 하지 않기를, 정의를 탐구하겠다며 당장 내 방 창밖에서 어떤 일이 일어나는지도 모른 채 세상과 담을 쌓고 책만 뒤지지 않기를 바랍니다. 앞서도 말했듯 철학은 우리가 사는 이야기이기 때문에, 열심히 공부하지 않아도 그저 차근히 살다 보면 화선지에 먹물이 스미듯 저절로 깨닫게 되는 부분도 많거든요.

사실 아주 조금은 흥미를 갖고 철학을 공부해 보기를 바라는 마음도 있습니다. 적어도 마음에 드는 철학자 한두 명 정도는 친구처럼 사귀기를, 그렇게 평생에 걸쳐 아주 조금씩 철학과 친밀해지기를 바라는 마음이 솔직히 눈곱만큼은 있어요. 한 가족이라고 해도 모두 성격과 취향이 제각각이듯, 철학자들도 모두 다른 색깔과 소리를 갖고 있답니다. 그 안에서 여러분의 마음과 상황에 맞는 철학자들을 조금씩 만나 보면 어떨까요?

철학이라고 하면 보통 하나의 뭉텅이처럼 생각하기 쉽지만, 우리에겐 종합 선물 세트처럼 다양한 철학자들이 있다는 점을 기억해 주세요. 밸런타인데이 같은 것 다 망해 버렸으면 좋겠다는 생각이 들 때 석가모니와 키르케고르로부터 연애 상담도 받고, 공부를 때려치우고 싶을 때는 공자와 시몬 베유를 만나 커피 한잔 마시고, 인간관계가 힘들 때는 타자(他者)의 철학자로 불리는 레비나스랑 장자랑 산책도 좀 하고, 새로운 시작이 두려워질 때는 플라톤과 소크라테스를 찾아가고요.

그렇게 세상의 수수께끼를 궁금해하고, 사랑과 다정함에 관해 질문하고, 선의와 악의를 구별하고, 정의와 자유, 평등 같은 단어들이 좀 쓰더라도 입안에 넣어 천천히 굴려 보세요. 주어진 질문에 그때그때 답만 급히 찾으며 살지 말고, 나만의 중요한 질문과 함께 천천히 나이 들기를 바랍니다. 조급한 해결사보다는 느긋한 몽상가로 생을 맛보고 즐기면서요.

세상에는 무수한 삶의 방식이 있습니다. 그중 어떤 방식이 딱히 옳다고 말할 수는 없어요. 여러분은 아마도 책상에 앉아 정답을 찾고 오답을 골라내는 일에 익숙하겠지만, 사실 책상을 벗어난 세상일에는 대체로 정답이 없거든요. 세상과 사회가 정답이라고 우기는 것들이 있겠지만, 사실 그건 그들 생각일 뿐입니다. 인생이란 각자 자기만의 답을 찾는 과정이기에 애초에 어떤 질문을 하는지가 중요하다고 생각해요. 그러니 정답이 없는 세상에서 그나마 나를 이끄는 힘은 끊임없는 생각과 질문이라는 것을 믿어 보세요.

철학의 쓸모

한때 우리는 치료라는 것을 팔다리나 장기 등 신체에 국한된 것으로 생각했습니다. 약을 먹거나 시술을 받는 등, 의료 행위를 통한 의학적 치료가 전부라고 믿었죠. 최근에는 뒤틀리고 쪼그라들었던 감정을 돌보고 병든 마음을 치료하는 심리 치료의 중요성이 널리 퍼졌어요. 몸뿐 아니라 마음을 돌보는 일, 다시 말해 독처럼 남아 있는 마음의 상처, 혹은 영혼에 입은 화상을 치료하는 것이 중요하다는 사실을 새롭게 깨달은 셈이죠.

그간 크게 주목받지는 못했지만 이제 머리, 즉 우리 이성이 가진 제3의 치유력에도 주목해야 한다고 저는 믿어요. 철학에는 사유를 통해 나를 이해하고 세상을 납득하는 과정에서 흘

러나오는 치유의 힘이 있습니다. 내 삶의 의미에 관해 스스로 납득할 만한 이유를 찾고, 행복의 의미나 가치를 꾸준히 질문 하며 삶을 단단히 조각해 가는 것이죠. 그런 의미에서 철학은 약과(약과 말고 약이요⋯⋯) 같은 힘이 있습니다.

사실 쉽게 복용할 수 있거나 그리 먹기 편한 맛의 약은 아 니에요. 생각 없이 살면 편하거든요. 내 질문과 사유의 끝에 무 척 불편한 진실이 놓여 있기도 하고, 나의 하찮음을 깨닫고 한 없이 작아지기도 할 거예요.

맨날 달고 맛있는 주스와 아이스크림 속에서 숨쉬기 운동 만 해서는 근육이 생기지 않는다는 사실을 우리는 모두 알잖아 요? 그러므로 조금 쓰고 힘들어도 감내하고, 부지런히 노력해 야 한다는 어려움이 있기도 하죠. 하지만 다행스러운 점은, 이 렇게 어렵게 얻어 낸 깨달음은 약효의 지속력이 그만큼 길다는 겁니다. 마음을 돌보는 심리 치료가 온천이나 스파에서 얻는 힐링에 가깝다면, 철학의 치유력은 운동장이나 피트니스 센터 에서 꾸준한 운동을 통해 얻는 근육의 힘에 가깝습니다.

게다가 이놈을 부단히 섭취하면 삶의 면역력이 증강되는 효과도 있어요. 지인들이 신기해하는 제 능력에는 여러 가지가 있지만(머리만 대면 자는 능력이라든가, 4년 넘게 다닌 학교 캠퍼스에서 번번이 길을 잃는 능력이라든가) 어떤 상황에서도 대체로 나무 늘보처럼 평정심을 유지하는 능력, 힘들어도 낙천적인 마음을 잃지 않고 슬그머니 일어나 히죽 웃고 있는 능력, 이 두 가지가 무척 신기해 보이나 봅니다.

성격 탓도 좀 있겠지만, 저는 제가 읽고 만나 온 철학자들의 이야기가 제 생각을 유연하게 하고 마음을 튼튼하게 했기 때문이라고 생각해요. 제가 글머리에 이 철학 한번 잡솨 보라고 약장수처럼 말한 이유는, 철학이 이렇게 영양제나 약처럼 우리 삶의 면역력을 증강하고 고통을 치유하는 힘을 갖기 때문입니다. 그러니 어때요, 이 약 한번 잡솨 보지 않으시렵니까?

그런데 말이죠. 이제야 말하는 비밀이지만 사실 여러분은 이미 모두 철학자랍니다. 아장아장 걷던 시절, 여러분은 세상 만물이 궁금한 꼬마 철학자들이었어요. 지금은 철학하는 법을 잠시 잊었을지도 모르겠지만 철'학자(學者)', 즉 철학을 공부하는 학자가 아니라 철학'자(者)', 즉 철학하는 사람이라는 의미에서는 우리 모두가 철학자입니다. 강도와 빈도의 차이일 뿐이지, 세상에 철학하지 않고 사는 사람은 드물거든요. 그러니 우리 모두 철학자로서의 기본 자질을 충분히 갖추고 있다는 사실을 믿어 주세요. 점수와 기대에 짓눌려 봉인된 철학자의 자아를 해

방시켜 모두들 행복한 인간으로 살 수 있으면 좋겠군요.

"삶에 꼭 필요한 쓸모 한 가지를 내가 이야기할 수 있다면?"이라는 질문을 가지고 여기까지 왔네요. 그 답으로 이 글이 철학이라는 선택지에 새발의 피(의 헤모글로빈……)만큼의 흥미라도 느끼게 했으면 좋겠습니다. 그리고 그 흥미를 통해 여러분이 언젠가 다음과 같은 결론에 이를 수 있다면 저는 여한이 없겠습니다.

"쓸모와 인간은 아무런 관련이 없는 것입니다"라는, 인간을 쓸모로 판단하고 파악하려는 거대한 움직임에 콧방귀를 뀌어 줄 수 있는 것이 바로 철학의 쓸모입니다. 인간이란 존재는 그런 거거든요.

『사랑의 기술』

(에리히 프롬 지음, 황문수 옮김, 문예출판사, 2019)

청소년에게 권하고 싶은 철학책이라면 제겐 이 책입니다. 번역된 제목이 오해를 사기 쉽지만 (사랑의⋯⋯ 기술⋯⋯?) 이 얇은 책에는 여러분이 좋아하는 사람에 관한 아름다운 사유가 가득해요. 곁에 두고 생의 길목마다 여러 번 읽어도 좋을 거예요. 쉬운 영어로 되어 있으니 영어로 읽어 보는 것도 추천합니다.

『열일곱 살의 인생론』

(안광복 지음, 사계절, 2023)

여러분 곁에서 오랜 시간을 함께해 온 고등학교 철학 선생님이 여러분을 위해 쓴 철학책이랍니다. 돈, 짝사랑, 열등감, 적성, 용서 등 십 대가 품은 여러 가지 고민에 관해, 선생님으로서의 오랜 경험과 여러 철학자의 지혜를 녹인 재미있고 따뜻한 글을 건넵니다.

『소피의 세계』
(요슈타인 가아더 지음, 장영은 옮김, 현암사, 2015)

역시 노르웨이의 고등학교 철학 선생님이 쓴 책으로, 열네 살 소피가 철학의 세계를 탐험하는 소설 형식의 철학서입니다. 고대부터 20세기까지, 철학의 역사를 아주 흥미롭게 개괄할 수 있는 멋진 책이에요. 소피가 열다섯 살 생일에 마주하게 된 진실은 무엇일까요?

『소크라테스 익스프레스』
(에릭 와이너 지음, 김하현 옮김, 어크로스, 2021)

깔깔 웃으면서 읽을 수 있는 흔치 않은 철학 에세이입니다. 저는 여러분이 이런 종류의 책으로 가볍게 이런저런 철학자들을 만나 보고, 그중에서 더 궁금해진다거나 끌리는 철학자가 있다면 조금씩 더 깊이 파 보는 방법을 택하면 좋을 것 같아요.

『동굴 밖으로 나온 필로와 소피』
(이진민 지음, 김새별 그림, 지와사랑, 2023)

철학자 열세 명을 골라 그들이 말한 중요한 개념을 쉬운 동화로 풀어 쓴 책입니다. 동화라고는 해도 청소년과 성인 모두를 위해 쓴 책이라(네, 제 책입니다!) 가볍고 말랑하게 철학자들을 만나고 싶다면 추천해요. 이야기마다 생각을 더 뻗어 볼 수 있는 코너도 붙어 있답니다.

읽기 전, 너와 나의 체크리스트

☐ 바로 떠오르는 소설가가 둘 이상 있다.

☐ 내가 좋아하는 소설(문학)은 ....
  (이)라고 이야기할 수 있다.

☐ 평소 책을 읽는 시간이…… 거의 없는 것 같다.

☐ 제목에서, 소설을 읽는 것과 '천년'을 산다는
  것이 어떤 관련이 있는지 잘 모르겠다.

☐ 요즘은 재미있는 게 너무나 많은데, 정말 책
  을 꼭 읽어야 하는 건지 궁금하다.

2부

소설과 이야기:
천년을
산 것처럼

하성란

공부의 기초 다지기

본문에서 읽어 나갈 이야기의 포인트를 먼저 공개합니다!

기초를 단단히 다지고 시작하면 훨씬 더 집중할 수 있겠지요?

＊ 이야기를 좋아하는 사람은 타인의 불행을 그냥 지나칠 수 없는 사람이기도 하다.

＊ 이야기를 읽고 상상하면 나의 세계는 골목을 벗어나 조금씩 넓어진다.

＊ 뿌린 대로 거두는 밭의 이치처럼 이야기도 이야기를 읽는 사람이 가진 질문만큼 답을 되돌려준다.

＊ 소설 읽기과 이야기 듣기는 감정 이입을 통해 내가 아닌 그 누군가가 되는 놀라운 변화다.

＊ 우리의 삶은 유한하지만 마치 천년을 산 것 같은 기억을 가질 수 있다. 바로, 수많은 소설을 통해서.

하성란

소설을 읽고 쓰기 전에, 나는 '보고 듣는' 사람입니다

초등학교 2학년 국어 시간에 '동시'를 써서 발표한 것을 계기로 학교 문예반에 뽑혀 자의 반 타의 반으로 글을 쓰기 시작했습니다. 다들 어리둥절하고 있을 때, 어린이 잡지에서 본 짧은 글이 떠올라 흉내 낸 것뿐이었는데요, 그 시가 한 학기 동안 복도에 걸려 있었어요.

그렇게 시작된 일로 지금은 생계를 유지하고 있으니 '소설을 쓰는 사람'이라고 말해야 하는데 이런 상황이면 늘 부끄러워집니다. 오랜 고민 끝에 저를 '보고 듣는 사람'이라고 말해 봅니다.

보고 듣는 일은 생각보다 힘이 듭니다. 철학자 니체는 "사람들은 보는 것을 배우지 않으면 안 된다. 보는 것을 배우는 것은 눈의 침착성과 인내의 습관을 주어서 사물 쪽에서 친근하게 가까이 걸어오도록 눈을 길들이는 것이다"라고 말했습니다. '차마 눈 뜨고 볼 수 없는' 광경 앞에서 우리는 눈을 감고 외면하기 쉽습니다. 그것을 보기 위해서는 의지는 물론 애정이 필요합니다. 듣는 일도 마찬가지입니다.

그쪽에서 가까이 다가올 때까지 저는 보고 듣는 사람입니다. 그 뒤에 비로소 쓰기 시작합니다. 그렇게 30년 가까운 시간이 흘렀습니다. 그 사이 저는 느리게 느리게 눈에 띄지 않지만 아주 조금씩 바뀌었습니다. 10년 뒤에도 이렇게 쓰고 있고 싶습니다. 반성하고 재우치고 도망가고, 그러면서도 글을 쓰고 읽어 온 삶을 되돌리고 싶다는 생각은 하지 않을 겁니다.

1

—

여섯 살에 입주해서 고등학교 2학년 초여름에 떠나온 옛집은 당시 '집장사'로 불리던 이들이 지은 보급형 단층 양옥주택이었습니다. 집의 구조는 물론 대문의 문고리까지 찍어 낸 듯 똑같아서 종종 술 취한 아버지들이 제 집을 못 찾고 골목에서 고래고래 소리를 지르곤 했었죠.

네, 저는 이미 수차례 이곳저곳에서 밝혀 왔던 저의 어린 시절 이야기로 여러분과 말문을 트려 합니다.

저는 30년 가까이 소설을 비롯한 글들을 써 왔는데요, 그러다 보니 맨 처음 소설을 쓴 것은 언제였는가, 왜 소설을 쓰게 되었는가 등의 질문을 받곤 했습니다. 어느 질문이든지 제 대답은 옛집에서 시작되고는 했습니다.

짧은 기간에 지어 올리다 보니 날림으로 지어질 수밖에 없었습니다. 가로세로 몇 번째 칸의 마룻장은 밟을 때마다 손톱으로 칠판을 긁는 듯한 소리가 나서 우리 자매들은 기겁하면서 그 칸을 건너뛰곤 했죠. 특히나 다락방은 외풍이 심했어요. 날이 조금 차가워지면 누구도 올라가지 않는 쓸모없는 공간이 되고 말았습니다.

생애 처음으로 제 집을 마련하는 나이가 정해져 있기라도 하듯 골목 부모들의 나이는 엇비슷했어요. 그들은 평균 3.5명의 아이들을 낳았는데 아이들 또한 또래가 많았어요. 자연스럽게 누가 한글을 뗐네, 누가 반에서 몇 등을 했네, 아이들끼리 비교 대상이 되었죠. 어느 집이 냉장고를 들이면 우르르 다른 집들도 냉장고를 장만했죠. 그렇게 같은 시기에 브라운관 텔레비전들도 들어왔습니다. 고등학생이 되어 서울 반대편의 학교로 진학하기 전까지 그 골목은 제 세상의 전부였어요.

광석에서 금속을 추출하는 야금회사와 밀가루를 만드는 제분회사에서 일하는 아버지들이 제일 많았고 교사가 한 명, 쌀집 주인이 한 명 그리고…… 우리 아버지가 있었습니다.

아버지는 출판사의 영업부 직원이었습니다. 제가 골목 안의 아이들보다 몇 권의 책을 더 접할 수 있었던 건 순전히 아버지 덕분이었죠. 출판사 외판원들은 '찌라시'로 불리던 책 홍보물을 서류 가방 가득히 넣어 가가호호 방문해서 책을 팔았어요. 장기 주택융자를 갚고 아이들 먹이고 입히고 학교 보내는 일만으로도 허리가 휘었던 사람들은 당시 책을 구입하는 것을 사치로 여겼습니다. 그러다 보니 젊은 아버지는 실적이 좋지 않아 여러 출판사를 전전할 수밖에 없었고요.

아버지가 이직한 뒤로 쓸모없어진 '찌라시'들이 집 안에 나뒹굴었어요. 쉽게 접할 수 없는 고가의 아트지에 총천연색으로 인쇄된 팸플릿. 바로 밑의 동생이 매일매일 딱지를 접었지만 처치 곤란이 되고 말았죠.

어느 날 아버지는 쓸모없어진 팸플릿으로 반 장난 삼아 외풍이 심한 다락방을 도배했습니다. 바닥을 제외한 사면의 벽과 반자가 온통 글자와 사진, 그림들로 가득했죠. 허리를 굽히고 다락방으로 올라서면 활자들이 별처럼 쏟아졌습니다.

그 뒤로 그곳은 온전히 저만의 공간이 되었어요. 두 여동생들과 떨어져 혼자 생각에 잠길 수 있는 곳, 얼른 잠 안 자고 뭐하느냐는 엄마의 성화를 피해 갈 수 있는 곳. 다락 아래는 부엌이어서 새벽이면 엄마의 도마질 소리가 잠 속으로 끼어들었죠.

어느 방향으로 누워도 팸플릿의 글자들이 눈에 들어왔어요. 팸플릿에는 대문호들이 쓴 작품의 제목과 간략한 요약, 아름다운 그림들이 실려 있었죠. 줄거리는 글의 결말을 감춘 채 여운을 남겨 두었어요. 이를테면 이런 식으로요.

'그 사실을 안 쥘리엥이 교회로 달려가는데……'

왼쪽으로 누우면 톨스토이가, 바로 누우면 머리 위에 터번을 두른 소년이 낙타를 타고 사막을 가로지르는 그림이 눈에 들어왔습니다. 천일야화.

이별과 사랑, 분노와 배반, 삶과 죽음이 제대로 허리를 펼 수 없는 다락방에 가득했습니다.

안나 카레니나, 쥘리엥, 올렌까, 잠자 등 이국의 인물들을 이름만으로 그려 보는 것은 쉽지 않았어요. 페테르부르그, 얄타 등 낯선 지명은 따라부르는 것도 어려웠고요. 그러나 호기심이 절정에 이르는 부분에서 멈춘 이야기의 뒤가 궁금해 미칠 지경이었죠. 이런저런 이야기를 지어내 보았지만 제 상상에는 한계가 있었죠.

상상하다 상상하다 막히면 저는 배를 깔고 누워 창밖을 보았어요. 골목 끝집이라 아주 먼 곳까지 시야가 트여 있었죠. 저 멀리 낮은 산 아래에도 불빛들이 촘촘했습니다. 저기에도 누가 살고 있다, 누구일까? 오늘 하루는 어땠나? 혹시 지금 울고 있

는 건 아닐까. 거기 어느 집의 창에서도 누군가 제가 켜 둔 30촉짜리 알전구 불빛을 바라보고 있을지도 모른다는 생각이 들기도 했죠.

이상한 경험이었어요. 그동안의 저는 저만 생각했었거든요. 제 세계는 골목이라는 비좁은 세계였고 그곳에서 저는 거칠 게 없었죠. 골목 또래들은 너무 어리게 보였어요. 두 동생의 언니이니까, 양보해라. 모범을 보여라, 하는 엄마의 말을 잔소리로 여기고 넘겨 버리기 일쑤였죠. 사방은 고요하고 그 사이로 안방에서 자고 있는 동생들의 잠꼬대 소리가 들려왔죠. 이때다 쥐들이 후다닥 반자를 가로질렀습니다.

쓸모없는 공간의 쓸모없어진 출판사의 팸플릿 아래 어느날 저는 제 이야기의 첫 문장을 썼습니다.

'아카시아 꽃이 떨어졌습니다.'

2

얼마 전 엉뚱한 곳에서 또 '소설'이 소환되었습니다. 한 정치인이 자신의 결백을 밝히는 자리였는데요, 그는 억울하다는 듯 목소리를 높여 이렇게 말했습니다.

"그들이…… 소설 쓰고 있습니다!"

한마디로 그들의 이야기가 '허무맹랑한 거짓말'이라는, 더이상 이야기할 가치도 없는 이야기라는 겁니다.

그럼 소설가가 허무맹랑한 거짓말이나 지어내는 사람들이라는 거냐? 분개한 한 소설가 단체가 입장을 밝히고 그 정치인에게 반성과 사과를 촉구했습니다. 하지만 비난의 화살은 그 단체로 향했고 결국 유야무야 해프닝으로 끝나고 말았죠.

'소설 쓰고 있네'라는 말은 그나마 점잖은 표현일지도 몰라요. '있다'를 빈정거림이 담긴 '앉다'로 바꾸고 난 이 말이 여러분들에게 더욱 익숙할 거예요.

"소설 쓰고 앉았네."

어때요? 한번쯤 들어 본 말이죠?

소설을 쓴다 → 허무맹랑한 거짓말을 쓴다 → '터무니없이 거짓되고 실속이 없는' + '사실이 아닌 것을 사실인 것처럼 꾸며 댄 말'을 쓴다.

어떤 이들은 소설을 '터무니없는 거짓말' 혹은 '사실이 아닌 것을 꾸며 낸 말'이란 의미로 쓰기도 하지만 어떤 이들은 소설을 '실속 없는 것'이라고 여기는 듯합니다. 종종 "소설은 읽지 않는다"고 고백 아닌 고백을 하는 이들을 만났으니까요.

자기계발서나 경제경영서처럼 얻는 게 없기 때문이라고 해요. 그래서 그들은 소설을 읽는 일을 시간을 때우는 일이라고 생각해요. 정작 해야 할 일은 뒤로 미뤄 둔 채 그 귀한 시간을 실속 없는 일로 흘려 버린다는 거죠. 그런 사람들은 한마디로 게으른 것이고요. '이야기를 좋아하면 가난하게 산단다'라는 옛말이 있는 걸 보니 예전에도 소설을 읽는 일을 경계했던 모양이에요.

뿌린 대로 거둔다는 철학을 논과 밭에서 몸으로 겪은 이모부가 소설을 써서 살고 있는 제 걱정을 하고 있다는 걸 알게 된 건 저희 큰애가 한 대학의 국어국문학과에 입학했을 때의 일이에요. 쉽지 않은 대학 입시를 통과했다는 이유만으로 많은 분들이 함께 축하해 주었죠.

마침 이모부가 자신의 1톤 트럭에 곡식과 채소 등을 잔뜩 싣고 친정에 왔어요. 외할머니가 일찍 세상을 떠나고 외할아버지마저 서울의 삼촌 집으로 오게 되면서 우리들에게 외가란 시골에 살고 있는 이모들의 집이 되었죠. 이모들이 많아 방학이면 갈 곳이 많았지만 우리는 특히 이 이모의 집에 자주 갔어요. 무뚝뚝한 이모보다는 살가운 이모부가 좋았어요. 군식구가 귀

찾을 법도 한데 이모부는 그런 눈치 한번 준 적 없었어요. 우리
는 이모부의 경운기를 타고 논에도 가고 갯벌로 조개를 잡으러
가기도 했죠. 그러고 보니 제 유년 시절의 많은 추억 속에 젊은
이모부가 있습니다.

거실 한쪽에 손님처럼 불편하게 앉아 이곳저곳을 둘러보
고 있던 이모부가 '국문학과'라는 엄마의 말에 예의 그 말투로
물었습니다. 개그맨 최양락 씨의 느릿느릿한 충청도 사투리를
떠올리면 딱 되겠습니다.

"구우욱무운학과아아?"

부럽다는 말을 기대했던 엄마가 뭔가 잘못되었다는 것을
깨달을 새도 없이 이모부가 토를 달았습니다.

"거기 나와 뭐에 쓴대유? 그류? 안 그류?"

한마디로 실속 없는 학과라는 겁니다. 4년 죽어라 공부해
봐야 번듯한 직장 하나 구하기 어려운데 애시당초 비싼 학비
내면서 그런 공부를 왜 하느냐는 것이죠.

이모부는 시골에서 나고 자라 평생 농사만 지은 사람이었
지만 아침이면 신문 읽는 일을 한 번도 빼먹은 적이 없었어요.
세상이 어떻게 돌아가고 있는지는 십 대 후반에 서울로 올라와
눈 깜짝할 새 눈코입 떼어 간다는 서울살이에 익숙해진 엄마보
다 더 빠삭할 정도였어요. 당황한 엄마가 별안간 곁에 앉은 저

를 바라보았죠.

"봐유, 어때유? 지 밥벌이 하나는 똑소리 나게 허쥬?"

갑작스러운 호명에 저는 그만 얼어붙고 말았어요. 엄마에게도 제 사정을 솔직히 말한 적이 없으니까요. 소설 쓰기만으로는 생활이 되지 않아 이곳저곳에 산문을 쓰고 강의도 나가고 있다는 것을요. 물가는 세 배, 네 배로 뛰었는데 원고료는 등단하던 때에서 조금도 오르지 않았다는 말도요.

그나마 저는 운이 좋아 가끔이라도 소설을 발표할 기회가 주어졌지만 등단한 작가 대부분이 그런 지면조차 얻기 힘들다는 것을요. 잊을 만하면 소설가와 시인의 연 수입을 공개하면서 예술가의 복지 운운하는 바람에 거짓말로 둘러댈 수도 없었어요. 대기업 직원의 한 달 급여에도 못 미치는 우리의 연 수입을 이모부가 더 잘 알고 있었을 테니까요.

그즈음 대학들은 부지런히 학과 구조 조정을 하고 있었어요. 한 대학에서는 국어국문학과, 독일어문화학과, 프랑스어문화학과가 사실상 폐과되고 취업률이 높은 항공운항과, 사이버보안학과 등이 신설될 예정이었죠. 취업률이 낮으면 정부의 평가에서 부실 대학으로 지정되고 그렇게 되면 정부로부터 어떤 지원도 받을 수 없게 되니 울며 겨자 먹기로 내린 결정이라고 했죠.

명칭을 바꾸는 꼼수를 부리는 대학도 있었어요. 이를테면 '심리철학과'를 '심리철학상담과'라고 이름을 바꾸면서 취업이 잘될 것 같은, 취업에 도움이 되는 학과로 이미지를 바꾸는 거지요.

이모부는 물러서지 않았습니다.

"난이(집에서 저는 이렇게 불립니다)나 그렇쥬, 거기 나와 밥벌이 하는 사람이 몇이나 돼유?"

밀릴 대로 밀린 엄마는 구원투수 역할을 해 주기를 바라는 듯 저를 힐끗거릴 뿐이었어요. 네가 나서라, 그렇게 죽어라 소설을 쓰면서도 잘난 너의 말 한마디로 시골 농사꾼 하나를 못 꺾냐? 불만이 가득해 보였어요.

어떤 말로 이모부의 마음을 돌릴 수 있을까, 평생 일을 해 온 이모부의 검은 얼굴은 삽 끝이 꽂히지 않는 겨울 밭처럼 단단해 보였어요. 깨고 일하고 자고 깨고 일하고 자고, 군더더기라곤 없는 완고한 일상이 그대로 육화된 듯했죠.

그 문제에 있어서만큼은 그 누구보다도 자신이 가장 잘 알고 있다는 확신과 신념이 가득한 그 얼굴 앞에서, 저는 저의 어떤 언어로도 이모부를 설득하지 못하리라는 걸 깨달았습니다.

'이모부 어쩌다 이렇게 되셨어요?'라는 말도 하지 못했죠.

대신 오래전 이모부와 함께 하늘을 올려다보던 여름날이 떠올랐어요.

밭을 매고 있던 젊은 이모부가 허리를 펴고 하늘을 올려다보더니 밭둑에 앉아 놀고 있던 우리에게 말했습니다.

"저어기 봐라아, 자고로 여자 직업 중에느은 저게 일등이여, 일드웅!"

하늘 저 높이 손톱만 한 크기의 비행기 한 대가 천천히 하늘을 가로지르고 있었습니다. 스튜어디스? 스튜디어스? 늘 헷갈리던 승무원이란 직업이 여자 직업 가운데 가장 많이 추앙받고 있는 꿈의 직장이라는 것은 어린 저도 잘 알고 있었죠. 하지만 일등도 꿈도 귀에 들어오지 않았습니다. 땡볕이 눈을 찌르는 것도 잊은 채 우리는 이모부와 함께 높고 푸른 하늘을 오래 올려다보았습니다.

그 무렵 한 신문사의 신춘문예 시상식 자리에서였습니다.

소설의 발상이 참신하고 발랄해서 어떤 작가인지 궁금했는데 역시나 당선자의 이력이 남달랐어요. 경영학을 공부했었는데 어느 날 불쑥 소설을 쓰고 싶다는 생각이 들었고 이십 대 중반을 소설을 습작하며 보냈다는 거예요.

얼마나 많은 이야기들을 가지고 있을까, 소설을 쓸 생각이

들었다니 얼마나 기특했는지 몰라요. 함께 심사를 본 선배는 물론, 저도 그가 앞으로 발표할 소설에 한껏 기대를 품고 있었죠. 의외의 복병이 당선자 바로 곁에 있다는 것을 알지 못한 채로요.

당선자는 어머니 몰래 숨어서 소설을 써 왔노라고 고백했습니다. 소설을 쓰면 '굶어 죽기 딱!'이라면서 어머니가 방해 공작을 펼쳐 왔다는 겁니다.

시상식에는 당선자의 어머니도 왔습니다. 단정하고 차분한 분이었어요. 취업이 보장된 학과의 공부를 중단하고 어느 날 딸이 난데없이 소설을 쓰겠다고 했을 때 당황했을 어머니를 상상해 보는 건 어렵지 않았어요.

어머니가 수시로 문을 열어 혹시나 소설을 쓰고 있는지 아닌지 감시하는 통에 불을 끈 채로 이불 속에 들어가 노트북 불빛에 의지에 소설을 쓰기도 했다는 당선자의 말에 좌중에서 웃음이 쏟아졌습니다.

당선자 앞에 앉은 저는 웃을 수만은 없었어요. 등단의 기쁨은 순간이고 당장 내일부터 커다란 불안이 몰려올 걸 알고 있었으니까요. 매 순간 자신의 재능을 의심하고 계속해도 좋을지 잘한 선택인지 불안해할 테니까요. 그런데 우리는 당선자를 응원하기에도 모자란 시간에 당선자 어머니를 회유하느라 진을 빼야 했습니다.

당선자 대신 받은 꽃다발을 무릎 위에 올려놓고서도 어머니는 고집을 꺾지 않았습니다. 어떡하면 딸의 고집을 꺾을지 방도를 생각하는 듯했죠. 이런저런 이야기를 해 보았지만 끄떡없었어요. 그러다 저에게 "책상물림이라 세상을 너무 모르는 거 아녜요?" 하고 충고하는 것은 아닐까, 저는 어느새 조심스러워졌죠. 이모부 앞에서처럼 이번에도 저는 할 말을 찾지 못했습니다.

논리적으로 누군가를 이해시키는 일은 그때도 지금도 제게 제일 어려운 일입니다.

결국 궁지에 몰린 선배가 이렇게 말하고 말았습니다.

"소설 쓰는 여성들, 결혼도 잘합니다."

웃음이 터졌지만 길게 이어지지는 못했죠. 어색해진 그 자리를 정리한 것은 누구도 아닌 당선자의 어머니였습니다. 어머니는 못을 박듯이 당선자를 향해 말했습니다.

"소설은 결혼하고 아기 낳은 뒤에 써도 늦지 않다."

만 명의 지원군을 눈앞에서 잃기라도 하듯 당선자가 고개를 떨궜습니다.

하고 싶은 글쓰기를 통해 신이 나면서도 혹시나 엄마의 말처럼 되는 건 아닐까 불안했을 거예요. 그런 당선자에게 가장 필요한 건 곁에 있는 엄마의 응원이었을 텐데 말이죠.

저는 지금도 그 두 사람에게 아무 말도 하지 못한 것을 후회합니다. 이야기를 읽는 것은 태도라고요. 그냥 삶의 일부라고요, 그렇게 되어야 한다고요. 혼자 목소리를 높여 봅니다. '아침에는 사냥을 하고 오후에는 낚시를 하고 저녁에는 소를 몰고 저녁 식사를 한 뒤에는 문학 비평을 한다. 그러면서도 사냥꾼도 어부도 목동도 비평가도 되지 않을 수 있는 것'처럼요.

이쯤 되면 여러분은 그래서 소설을 읽으라는 거야, 말라는 거야? 의문을 가질 겁니다. 오랫동안 소설을 써 왔으면서도 소설이 쓸모없다고 말하는 이들 하나 설득하지 못했는데, 설마 입시가 코앞에 있는 우리에게 소설을 읽으라고 권할 수 있느냐고요.

그 사이 위기는 더욱 커져서 문학 전공자들 사이에서 문과생이라 미안하다는 뜻의 자조적인 '문송합니다'라는 말이 쓰이고 있는 것을 모르냐고요. 잉여문학이라는 뜻으로 문학을 '잉문학'으로 부르고 있는 건 아느냐고요. 설마 '무쓸모의 쓸모'라는 말로 넘어가려는 건 아니냐고요.

3
—

어느 날 제 유튜브 계정에 '우리 사이에 숨은 사이코패스를 알아보는 법'이라는 콘텐츠가 떠서 당황했습니다. 이건 또 어떤 알고리즘 장난인가 의아해하고 있는 사이, 다음 날 '사람은 결국 혼자다'라는 엇비슷한 내용의 콘텐츠들이 주르륵 떴습니다. 나도 모르는 내 마음을 누가 훔쳐보고 있는 건가 뜨끔해 클릭하지 않았는데, 며칠 뒤 뜬 '혼자서도 잘 사는 사람들의 3가지 특징'에서부터 '나이가 들수록 혼자가 되어야 하는 이유'까지 한 번에 다 보고 말았습니다.

대체 언제가 되어야 혼자라도 외롭지 않을까, 싶으면서도 몇 살이 되었든 살아 있는 한 어쩔 수 없이 관계로 힘들어하는 것이 아닐까 생각하게 된 건 엄마 때문이었어요. 여든이 넘은 엄마에게도 아파트 노인정에서 늘 부딪히는 또래의 할머니가 있는 모양이에요. 저만 보면 흉을 늘어놓습니다.

"그 여편네가 자기 생각만 하는 거야, 다른 사람 입장은 아예 생각도 안 해. 죽을 자리 받아 놓은 다 늙은 사람이……."

모르긴 몰라도 그분도 엄마를 놓고 자신의 딸과 그런 뒷담화를 하고 있지 않을까 생각합니다. 우리에게는 모두 자신만의 입장이 있고 도저히 좁혀지지 않는 그 차이를 우리는 '입장 차이'라고 부르기도 하니까요.

여러분도 앞으로 많은 이들과의 관계 속에서 이런 이야기를 듣게 될 거예요.

"내 입장이 돼 봐, 응? 내 입장이!"

특히 사랑하는 연인에게 그런 말을 듣게 된다면, 정말 답답해하는 상대방의 표정을 보면서도 자신이 뭘 잘못했는지 끝내 알 수 없다면, 그거야말로 정말 억울하기까지 한 일이죠.

누군가를 사랑하는 것은 그 사람의 입장이 되어 보는 거라는 말, 들어 봤을 거예요. 그의 입장이 되어 본다는 것, 말처럼 쉬운 일은 아니에요. 그건 곧 온전히 그의 이야기를 듣는 것이니까요. 나를 지우고 그의 이야기 속으로 들어가는 것이니까요.

개그맨 김지민 씨의 유행어를 기억하는 분이 있으려나요? 개그콘서트의 〈뿜 엔터테인먼트〉라는 코너였는데요.

'뿜 엔터테인먼트' 사무실 안. 마침 제작자로부터 드라마의 연기자 섭외 제의가 들어왔고 사장은 실장과 함께 소속사 배우들을 떠올리면서 가장 적합한 연기자를 물색 중에 있습니다. 이런저런 역할인데 누가 좋아? 적당한 연기자를 찾지 못해 애를 먹고 있을 때 김지민 씨가 요란한 음악 소리와 함께 등장

합니다. 그때부터 관객들 사이에서 폭소가 쏟아지는데요. 바로 그의 행색 때문입니다. 화장은 번져 있고 머리카락은 빗지 않은 듯 엉켜 부스스하죠. 밤새 잠을 자지 못한 듯 보이면서도 무슨 일엔가 오래 운 것 같은 느낌이 들기도 해요.

음악이 멈추면 당시의 유행어가 튀어나옵니다.

"그거 내가 할게요. 느낌 아~니까."

또 한 번 웃음이 터집니다. 그다음은 어떤 신은 자신이 하고 어떤 신은 주름이 생기거나 몸이 붓거나 살이 찐다는 식의 변명을 대며 대역을 쓰겠다고 고집을 부립니다.

느낌 아니까.

느낌을 안다는 것은 그의 입장이 되어 보았다는 말입니다. 자신이 연기하고 있는 역할을 진짜 자기처럼 느끼고 연기하는 연기자를 볼 때 우리는 연기력이 뛰어나다는 표현을 쓰죠. 그것은 연기자만의 재능이 아니라 글을 쓰는 이들에게도 해당됩니다. 읽는 사람에게도 물론 해당되고요.

어느 날 벌레로 변해 가족들에게 냉대를 받게 된 남자 이야기, 친척의 배신으로 두 번 다시 타인을 신뢰하지 못하게 된 남자, 하루아침에 사고로 자식을 잃은 엄마의 이야기를 읽을 때 우리는 그가 되어 보려 노력합니다. 상상해 봅니다. 그리고

어느 순간 그 느낌을 알 것 같게 될 겁니다.

어떤 대상에 자신의 감정을 불어넣거나 다른 대상으로부터 받은 느낌을 직접 받아들여 대상과 자신이 서로 통한다고 느끼는 일, 이것을 바로 '감정 이입'이라고 합니다. 다른 사람의 감정, 욕구, 사고, 행위들을 이해하는 능력, 이야기를 쓰는 이에게는 없어서는 안 될 재능입니다.

우리는 그동안 괴물과 같은 이들을 보았습니다. 자식이 왜 죽었는지 밝혀 달라며 단식하는 부모들 앞에서 태연히 음식을 먹던 이들요, 그만해라, 지겹다, 산 사람은 살아야지, 라고 말하던 사람들요.

'개콘' 무대에 등장하는 김지민 씨의 행색은 그저 관객의 웃음을 유발하려는 우스꽝스러운 분장만은 아니지 않을까요. 그는 매번 자신이 연기할 역할의 느낌을 아는 사람입니다. 자신이 맡은 배역에 감정 이입한 사람입니다. 그 누군가가 되어 그가 그랬던 것처럼 분노하고 좌절하고 고통스러워 울었을 겁니다. 그 일은 너무 어렵고 힘들어서 그는 그렇게 반쯤 정신이 나간 듯한 행색이 되고 만 것은 아닐까요.

그러고 보니 '이야기를 좋아하면 가난하게 산단다'는 말을 다시 이해하게 됩니다. 일할 시간에 책을 읽느라 논에 모를 내는 때도 추수를 할 때도 다 놓쳐 가난해지고 말았다는 의미도 있겠지만요, 이야기를 좋아하는 사람은 이야기 속의 인물들에 수없이 감정 이입해서 실제로도 타인의 불행을 그냥 지나칠 수 없는 사람이 될 테니까요, 이 일 저 일, 이 사람 저 사람의 일에 관심을 가지게 되고 미약하지만 도와주려 할 테니까요. 그러니 생계에 힘쓸 시간이 줄어들 수밖에 없을 거고요.

이야기를 좋아하는 사람을 성과주의 시선으로만 본다면 그것이야말로 쓸모없는 일을 하는 사람처럼 보일 수 있을 겁니다. 이야기란 실속 없는 것이고요.

누군가가 되어 본다는 일은 누군가에게 감정 이입하는 일은 배신과 분노로 흉포해진 사람을 변화시키는 기적을 벌이기도 합니다. 바로 『천일야화』의 샤리야르 왕의 이야기입니다.

왕비의 부정(不貞)에 분노한 왕은 두 번 다시 여자를 믿지 않기로 다짐합니다. 그날부터 왕은 숫처녀를 궁으로 불러들인 뒤 하룻밤 욕정을 풀고 해가 뜨면 목을 베었습니다. 그 일이 무려 3년이나 지속되었죠. 울음소리가 그칠 날이 없었고 백성들의 원성은 점점 커져만 갔어요. 그나마 딸을 가진 부모들이 멀리 도망치는 통에 성 안에 더는 처녀가 남지 않게 되었습니다.

셰헤라자드는 자청해서 궁에 들어갑니다. 밤이 깊자 그녀가 이야기를 시작합니다. 아직까지 들어 본 적 없는 재미난 이야기. 끝날 듯 끝날 듯 계속 이어지는 이야기. 왕도 귀를 기울입니다. 셰헤라자드의 이야기는 왕의 호기심이 절정에 달할 무렵기가 막히게 멈추는데요, 왕은 그다음 이야기를 듣기 위해 그다음 날도 그다음 날도 셰헤라자드를 살려 둘 수밖에 없습니다. 그렇게 시간이 흐릅니다.

이야기로 셰헤라자드는 자신의 목숨을 구하고 샤리야르 왕은 분노로부터 벗어나 살육을 멈추게 됩니다.

4

옛집의 다락방을 떠난 이후로 제게 독서란 '찌라시' 속에서 생략된 이야기의 뒷 이야기를 확인하는 일이 되었습니다.

『안나 카레니나』의 첫 문장 "행복한 가정은 모두 모습이 비슷하고 불행한 가정은 저마다 나름의 이유로 불행하다"를 읽었을 때, 다락방 창문 저 멀리 반짝이던 불빛들이 떠올랐습니다.

거기 멀리서 반짝이는 불빛 속에 있을 누군가를 상상해 보지 않았다면 여전히 제 세계는 골목 안에 머물러 있었을지 모룹니다. 이야기를 읽고 상상하면서 제 세계는 골목을 벗어나 조금씩 넓어졌습니다. 그 무렵 실제로도 서울 반대편에 있는 학교에 입학하면서 활동 영역이 갑자기 넓어지기도 했죠.

저에겐 다섯 명의 이모가 있었습니다. '있었다'고 과거형으로 써서 눈치챘겠죠. 두 명은 돌아가시고 세 명만 남아 있습니다. 제가 본격적으로 소설 쓰는 일을 시작했을 때 이모들은 모두 다섯 명이었고, 제가 무슨 일을 하는지 알게 되자 너도나도 "내 얘기를 써라, 책 세 권은 될 거다"라고 말했습니다. 한 명 당 세 권이니 열다섯 권의 책은 맡아 놓은 셈이었죠.

어린 시절 방학 때면 시골에 살고 있는 이모들 집에 놀러 가곤 했습니다. 집마다 분위기가 다 달랐습니다. 어쩌다 자매들이 모이면 밤이 새도록 이모들의 이야기는 멈출 줄 몰랐지요. 그 사이에 끼어 그들의 이야기를 듣는 일은 즐거웠습니다. 전쟁을 겪은 어린 시절 이야기는 비슷했지만 그 뒤로는 전혀 다른 이야기가 풍성하게 펼쳐졌습니다. 성공과 실패, 우연과 고통 등 '찌라시' 속 이국의 이야기와 크게 다르지 않았습니다. 언젠가 정말 이모들의 이야기를 써야겠다고 마음먹었는데 차일피일 미루다 지금에 이르고 말았네요.

아버지는 1934년생, 아버지의 나이는 아버지도 저도 잊었습니다. 맞습니다. 다락방을 '찌라시'로 도배한 그 아버지입니다. 꿈을 좇느라 이직이 잦던 그 아버지입니다. 힘들게 일했으나 결국은 힘에 부쳐 집을 지키지 못하고 떠나야만 했던 아버지입니다.

아버지는 평생 자신의 아버지와 불화했습니다. 평생 배를 몰고 물고기를 잡아 생활해 온 다부진 할아버지의 눈에 책이나 읽으려는 희멀건 아들은 성에 차지 않았을 겁니다. 병으로 아들 둘을 잃고 겨우 아버지 하나만을 건진 할아버지는 "괜찮은 거 다 죽고 제일 못난 게 남았다"는 말을 스스럼없이 하곤 했죠.

아버지의 이야기를 꼭 쓰고 싶었습니다. 이루지 못한 아버지의 꿈에 대해 쓰고 싶었습니다. 죽음 이후에도 누군가 아버지의 삶을 기억해 주었으면 했습니다.

더 늦기 전에 서둘러야 했습니다. 어느 날 저는 친정으로 가서 아버지와 단둘이 식탁에 사이에 두고 마주 앉았습니다. 아버지 앞에 휴대폰을 꺼내 두고 녹음 기능을 켰죠.

지금 제 휴대폰에는 그때 녹음해 둔 아버지의 이야기가 있습니다. 2018년 6월 30일, 두 개의 파일, 1시간 20분 21초 하나, 7분 4초 하나.

"아빠! 아빠!" 제가 아버지를 부르는 것으로 이야기가 시작

됩니다.

흥미진진할 줄 알았던 아버지의 삶은 제 생각처럼 멀리 나아가지 못했습니다. 할아버지와의 불화 끝에 서울로 올라와 고학했던 이야기, 학비를 벌기 위해 바다 깊숙이 자맥질해서 해초를 따 오던 이야기, 너무도 배고파서 하숙하던 주인집 김장독을 열어 정신없이 김치를 먹던 이야기. 이야기는 거기에서 되풀이됩니다. 아버지의 삶에서 고통스러웠던 순간은 배고픔인지도 모르겠습니다. 그 이야기를 할 때 아버지의 목소리는 조금 떨렸습니다. 아버지는 두려움이 많았고 자신의 행동반경 밖으로 멀리 나가지 못했습니다. 모험을 두려워했고 자신에게 익숙한 것만 골라 경험했습니다.

우리 아버지만의 일은 아닐 겁니다. 큰 변화 없는 삶. 많은 이들이 그것을 행복한 삶이라고 믿고 있으니까요.

신나는 이야기를 기대했던 저로서는 조금 실망스럽고 당황스러운 일이었습니다. 자신의 이야기로만 책 세 권이라고 호기롭게 말하던 이모들과는 다르겠지만 대한민국의 격동기를 거쳐온 한 남자로서 아버지로서, 저는 아버지의 흥미진진한 실패담을 기대했거든요.

유한한 삶 속에서 한 개인의 경험은 한계가 있죠. 하지만 같은 조건 속에서도 누군가는 그 세계를 확장시킵니다. 욕망을 품었으나 실패하는 이야기 속 인물을 통해 우리는 깨닫습니다. 삶의 복병은 도처에 있고 느닷없는 복병 앞에서 우리는 이야기 속 인물의 생각과 행동을 가져옵니다. 우리가 맞이하는 낯선 상황은 더 이상 낯선 상황이 아닙니다. 그래서 견딜 만할 수 있습니다. 아니, 여러분은 여러분이 사랑하는 사람의 마음을 알 수 있습니다.

뿌린 대로 거두는 밭의 이치처럼 이야기도 이야기를 읽는 사람이 가진 질문만큼 답을 되돌려줍니다. 이쯤 되면 여러분은 '쓸모 있는 한 가지'로 제가 무엇을 말할지 눈치챘을 겁니다.

바로 소설 읽기입니다. 이야기 듣기입니다. 감정 이입을 통해 내가 아닌 그 누군가가 되는 일입니다. 그 놀라운 변화 말입니다.

우리의 삶은 유한하지만 마치 천년을 산 것 같은 기억을 가질 수 있습니다. 수많은 소설을 통해서요. 소설 속의 수많은 인물을 통해서요. 그들의 경험을 통해서요. 그들과 감정 이입하면 그들의 경험은 내 것이 되니까요. 그래서 내 이야기만으로도 책 세 권은 충분히 되고도 남지요. 흥미진진한 삶이 아닐까요. 재미있는 삶, 아닐까요.

이런 건 너무 거창하다고요? 천년을 산 것 같은 기억을 가지는 것이 부담스럽다고요?

그렇다면 이런 건 어떤가요?

한창 귀엽다는 소리를 들을 때에도 저는 귀엽다는 말을 들어 본 적이 없어요. 혹시나 있을까 기억을 뒤져 봐도 정말 없어요. 제가 그때의 저를 떠올려 봐도 애교를 부릴 줄 몰랐고 귀여운 구석이라곤 없었어요. K장녀에게는 큰 책임감이 따르니까요. 여섯 살 때 엄마에게 업히는 대신 어린 동생을 업어야 했으니까요. 동네 또래들보다 책 몇 권 더 읽었다고 세상의 걱정거리란 걱정거리는 다 안고 있는 것처럼 폼을 잡고 있었으니까요. 그래서 어른스럽다라는 말을 곧잘 들었고 그것을 칭찬으로 여겼지만 사실은 저, 귀엽다는 말이 정말 듣고 싶었어요.

'올렌까'는 뭔가 재미있는 이야기라도 들을라치면 얼굴에 상냥하고 귀여운 미소가 떠오르는 다정다감한 처녀입니다. 그녀는 언제나 누군가를 사랑하고 있었죠. 그녀는 누군가와 사랑에 빠지면 그 사람이 됩니다. 야외극장 지배인 꾸낀과 결혼했을 때는 이 사람 저 사람에게 이 세상에서 가장 훌륭한 것, 가장 소중하고 필요한 것은 연극이라고 이야기하죠. 연극을 통해서만 인간은 진정한 위안을 얻을 수 있다고요.

꾸낀이 죽고 제재소의 주인인 뿌스또발로프와 결혼했을 때는 값이 오르는 목재값에 고민하고 목재야말로 우리 삶에서 없어서는 안 될 물건이라고 생각하게 되죠. 오래전부터 자신이 목재상을 해 온 것처럼 느끼는 거죠. 오락을 좋아하지 않는 남편 때문에 공휴일에도 집 안에 틀어박혀 지내면서도 가까운 사람들이 그렇게 틀어박혀 있지만 말고 극장이라도 가 보라고 권하지만 그녀에게 이제 극장은 '우스꽝스러운 구경'거리나 보여 주는 곳에 불과하죠.

뿌스또발로프가 죽고 수의사와 사귀게 되었을 때, 올렌까가 어떤 사람이 되었을지 여러분은 이제 쉽게 예측할 수 있을 거예요. 수의사가 제발 자신의 동료들이 있을 때는 나서지 말아 달라고 부탁할 정도로 그 일에 빠져들어 반 수의사가 되고 말죠.

이 소설을 쓴 안톤 체호프는 올렌까를 '귀여운 여인'이라고 말합니다. 소설의 제목이기도 해요.

그러니까 천년을 산 것 같은 기억을 가지는 것이 부담스럽다면, 소설을 읽는 우리는 적어도 귀여운 사람은 될 수 있어요.

『벽으로 드나드는 남자』
(마르셀 에메 지음, 이세욱 옮김, 문학동네, 2002)

어느 날 우리에게 벽을 통과할 수 있는 능력이 생긴다면 어떨까요? 이 소설집에
실린 다섯 편의 소설 모두 이렇듯 흥미진진하게 시작됩니다. 위트와 아이러니를
에메만큼 잘 활용하는 작가는 드물어요. 그러나 행복한 꿈을 꾸다 깨어난 깊은 밤
중처럼 여러분은 여러 날 소설 속 인물들로 불편할 거예요. 마치 그 사람이 된 것
처럼요.

『1984』
(조지 오웰 지음, 정회성 옮김, 민음사, 2003)

1949년에 출판된 조지 오웰의 소설이에요. 작가가 그려 낸 이 디스토피아는 과
연 우리에게 과거일 뿐일까요? 아니면 '1984'는 우리에게 언제든 다가올 미래
의 어느 날을 의미하는 것일까요? 아직도 이 소설이 과거형으로 읽히지 않는 것
은 두려우면서도 신기한 일입니다. 이렇듯 좋은 작품은 쉽게 낡지 않고 우리에게
질문을 던집니다.

『열정』

(산도르 마라이 지음, 김인순 옮김, 솔, 2016)

다가오지 않을 듯한 먼 미래, 한참 나이가 든 후의 한 노인이, 미리 되어 볼까요? 아내와 친구로부터 배신당한 뒤 41년 동안 철저히 자신 안으로 침잠한 노인. 소설의 결말에 이르면 노인이 고독 속에서 오랫동안 자신에게 던져온 질문들에 대해 자신의 전 생애로 내놓는 대답을 확인할 수 있습니다. "어느 날 우리의 심장, 영혼, 육신으로 뚫고 들어와서 꺼질 줄 모르고 영원히 불타오르는 정열에 우리 삶의 의미가 있다고 자네는 생각하나? 무슨 일이 일어날지라도? 그것을 체험했다면, 우리는 헛산 것이 아니겠지?"

『죄와 벌』 상, 하

(표도르 도스토옙스키 지음, 홍대화 옮김, 열린책들, 2009)

범죄소설로도 심리소설로도 그리고 철학서라고 해도 모자라지 않는다는 이 유명한 소설을, 실제로 읽었다는 이를 만나기는 쉽지 않죠. 아마 긴 분량 때문일지도 몰라요. 문학사상 가장 문제적 인물 중 하나일 라스콜리니코프를 통해 여러분은 생애에서 가지게 될 많은 고뇌와 맞닥뜨리게 될 거예요. 세계를 변화시키려는 열망, 회피와 합리화, 구원 등이 19세기 빈부격차가 심한 상트페테르부르크의 모습과 함께 생생하게 실려 있어요. 단언컨대 여러분의 일상은 라스콜리니코프를 아느냐 알지 못하냐로 아주 조금 달라질 수 있어요.

읽기 전, 너와 나의 체크리스트

- -

- ☐ '다르다'와 '틀리다'의 의미를 구분하여 쓸 수 있다.
- ☐ '차이'와 '차별'에 대해 생각해 본 적이 있다.
- ☐ 장애 이해 수업을 들어, 장애에 대해 조금은 알고 있다.
- ☐ 장애 관련한 이야기는 지금 내 상황과 멀다고 여겨진다.
- ☐ 장애인을 보면 왠지 안타깝고, 도와주어야겠다는 마음도 드는데 이게 좋은 마음인지 아닌지 잘 모르겠다.

3부

장애, 차이 너머의 세상: '다른' 사람들과 살아가기

백정연

공부의 기초 다지기

본문에서 읽어 나갈 이야기의 포인트를 먼저 공개합니다!

기초를 단단히 다지고 시작하면 훨씬 더 집중할 수 있겠지요?

* 사회적기업인 '소소한소통'은 쉬운 정보를 만드는 전문가지만 끊임없이 발달장애인의 관점을 갖고, 발달장애인의 입장이 되기 위해 노력하고 있다.

* '쉽다'는 사람마다 다르게 느끼기 때문에 기준을 세우기 어려운 일이다.

* 사회가 다수의 비장애인 중심으로 설계되어 있어, 발달장애인은 많은 부분 타인의 도움에 기대어 살 수밖에 없는 현실이다.

* 장애인이라는 이유로 사람으로 존재를 부정당하는 순간을 자주 마주하게 된다.

* 시민을 위한 대중교통에 장애를 가진 시민의 공간은 턱없이 부족하다.

백정연

정보 약자를 위해 쉬운 정보를 만드는 나를 소개합니다

저는 사회복지를 전공했어요. 청소년복지, 노인복지, 장애인복지 등 사회복지 안에서도 세부 분야가 나뉘어져 있는데, 저는 그중 '장애인복지'에 뜻을 두고 오랜 기간 장애인복지 현장에서 일했습니다.

지금은 발달장애인 등 정보 약자를 위해 쉬운 정보를 만드는 사회적기업, '소소한소통'을 운영하고 있습니다. 쉬운 정보는 한자어, 전문용어, 외래어 등 어려운 표현을 최대한 지양한 쉽고 짧은 글에 보조적 이미지(사진, 삽화)를 더한 정보를 말해요. 어렵고 생소한 개념을 쉬운 정보로 접하면 편안하고 친근하게 정보를 인지할 수 있고, 무엇보다 언어 이해와 표현에 제한이 있는 발달장애인은 쉬운 정보를 제공받을 권리가 있습니다.

저는 결혼한 지 10년이 되었는데요. 남편은 휠체어를 사용하는 척수장애인입니다. 남편과는 일을 하며 만났어요. 비장애인으로 살다, 원인 불명의 척수염으로 30대 초반에 장애를 갖게 된 남편은 자신을 '비장애인과 장애인의 삶을 모두 살아 보는 행운을 누리는 사람'으로 표현했고, 삶을 바라보는 긍정적인 관점에 반해 결혼하게 되었지요. 사회복지사로 일하며 장애인의 삶, 일상을 잘 알고 있다고 생각했지만, 결혼 후 접한 장애인의 일상은 생각보다 많은 차별에 노출되어 있었어요. 저는 언제부턴가 남편과 일상을 보내며 경험한 장애인에 대한 사람들의 잘못된 인식, 사회의 차별을 알리는 일에 관심을 갖게 되었습니다.

세상에는 다양한 생각과 몸을 가진 사람들이 존재해요. 나와 다르니 이상한 것이 아니라, 나와 달라 특별하다고 생각하는, 다양한 서로를 있는 그대로 존중하는 사회를 꿈꾸며 살고 있습니다.

소속과 직책란을 만나면 '소소한소통 대표'라 채웁니다. 소소한소통은 '쉬운 정보(easy read)' 제작 전문 사회적기업입니다. 2017년부터 소소한소통의 대표로 살고 있지요. 사회적기업이란, 사회적 목적을 가지고 운영되는 기업으로 일반 기업과는 달리 이윤 추구뿐만 아니라 사회적 가치 창출을 목표로 합니다. 주로 사회문제를 해결하거나, 취약한 상황에 놓인 사람들의 일자리 창출을 위해 설립되지요.

회사 이름을 소소한소통으로 지은 것은 발달장애인의 작은 일상에 정보 접근의 어려움이 없기를 바라는 마음이 담긴 것이에요. 우리가 행복하게 산다는 의미는 크고 화려한 순간이 아닌, 일상의 작은 순간에 느끼는 행복이 켜켜이 쌓이는 것이라 생각합니다.

조금 더 말로 풀어 나를 알릴 수 있다면, 사회적기업가이자 사회복지사라 소개합니다. 사회적기업가의 삶은 우연한 계기로 시작되었어요. 15년 차 사회복지사였던 때, 사회복지사의 비전을 펼칠 기관이 보이지 않아 취업 대신 창업을 택했지요. 장애인을 위한 기관이라면 모든 일의 중심이 장애인이 되어야 한다고 생각했는데, 생각보다 많은 기관이 기관의 사회적 위치나 성장을 중심에 둔다는 것이 답답했습니다. 물론, 그때는 한 회사의 대표라는 자리가 얼마나 큰 무게를 가지는지 생각지 못했고, 내가 하고 싶은 일을 나답게 할 수 있는 곳을 만들자는 마음 하나로 회사를 만들었습니다. 시작은 홀로였지만 지금은 어느덧 20여 명의 직원이 함께하는 중소기업이 되었습니다. 어쩌다 사회적기업가가 되었지만, 나에게 가장 어울리는 옷이 되었다고 생각하는데요. 이런 제 삶의 이야기를 하나씩 풀어 보려고 해요.

사회복지사 그리고 사회적기업가 백정연입니다

사회복지사로 사회생활을 시작하며, 다양한 유형의 사회

복지 기관에서 일을 했습니다. 첫 직장은 발달장애인의 자립을 돕는 기관이었어요. 청소년 발달장애인에게 교육하는 일부터 성인 발달장애인의 일상 지원까지 다양한 프로그램을 기획하고 운영했습니다. 20년이 흘렀는데도 첫 직장에서 만난 발달장애인의 얼굴, 이름, 성격 등이 선명하게 기억날 정도로 나에게 많은 추억을 선물한 곳이지요.

사회복지사라는 직업적 자부심은 첫 직장에서부터 넘쳤습니다. 취업 후 급여 통장을 만들어야 한다고 해서 직장 근처의 은행에 가서 통장을 만들었어요. 통장 개설 신청서의 직업 유형에 전문직이라고 체크했는데, 은행원이 어떤 일을 하느냐고 물었습니다. 저는 당당하게 "아, 제 직업은 사회복지사입니다"라고 했고, 은행원은 전문직은 의사, 변호사 등을 말한다고 답했습니다. 지금 생각해 보면 편협한 직업의식을 가진 은행원에게 불쾌감을 느꼈을 법도 한데 그때의 나는 불편함을 표현하기보다 웃으며 당당하게 말했어요. "사회복지사도 똑같이 '사'자가 들어가는데 왜 전문직이 아닌가요?"라고 말이지요.

그때나 지금이나 전문직으로서 저의 직업적 자부심은 같습니다. 아니, 어쩌면 더 커진 것 같기도 합니다. 제가 가진 전문성으로 발달장애인이 누리지 못한 보통의 일상을 누리도록 하고 있으니까요.

이후 저는 몇 번의 이직을 하며 장애인복지관에서 재가장애인(집에서 생활하는 장애인) 가정을 방문해 복지 서비스를 연계하는 일부터 모금 사업 담당, 연구조사 사업 등 다양한 분야에서 사회복지사로 일했습니다. 그리고, 마지막 직장에서 일을하며 남편을 만났어요. 사회복지사에서 사회적기업가로 비슷하면서도 전혀 다른 삶을 살게 된 것은 남편과의 결혼 덕분이라 생각합니다.

남편과의 결혼은 생각하지 못한, '나의 일'에 대한 심경의변화를 가져다주었습니다. 사회복지사로 장애인복지 현장에서일하던 저의 정체성을 흔든 것이지요. 결혼 당시 40대 초반이었던 남편은 원인 불명의 척수염으로 30대 초반에 척수장애인이 되었습니다. 장애를 가진 사람과 결혼하며 저는 사회복지사이자 동시에 장애인 가족으로 당사자의 입장에 나란히 서게 되었지요.

그러면서 이전에는 발견하지 못했던 직장의 부족한 부분을 발견하게 되었습니다. 그 당시 재직했던 직장은 장애인 정책, 서비스 등을 책임지는 공공기관이었는데, 장애인 가족이 되니 직장이 장애인보다 기관의 안위나 발전을 더욱 중요시한다는 생각이 여러 차례 들었어요.

고민이 하나둘 쌓여 가던 어느 날, 장애인 단체의 활동가들이 직장을 점거했습니다. 정부에 건의한 장애인 제도 개선을 협상하는 방법으로 정부 대신 공공기관인 우리 직장을 점거한 것이지요.

직원들이 엘리베이터를 탈 수 없게 엘리베이터 문이 테이프와 책상으로 막혔고, 직원들의 사무용 책상에는 의자 대신 활동가들이 가져다 놓은 휠체어가 자리했습니다. 직원들은 어쩔 수 없이 일을 하지 못하게 되었고, 임신한 직원 등 심리적 안정이 필요한 직원들은 긴급 귀가 조치가 내려졌어요. 다소 거칠고 정신없는 상황 속에서 삼삼오오 모인 직원들이 장애인 단체의 점거에 대한 불편한 마음을 꺼냈습니다. 정부와 논의해야 할 사항을 가지고 왜 우리 직장을 점거하느냐, 아무리 그래도 누군가의 직장을 점거하는 방식은 이해되지 않는다 등의 이야기가 대체로 오갔어요.

그 안에서 저는 아무런 이야기를 꺼내지 못한 채 듣고만 있었습니다. 저는 동료들의 마음보다는 장애인 단체의 입장에 더욱 가까웠거든요. '이해할 수 없어'보다는 '오죽했으면 그럴까'란 생각이 먼저 들었고, 이런 상황을 만든 것에 대한 책임은 장애인 단체가 아닌 정부에 있다는 생각도 들었습니다. 동료들과 내 생각이 다른 것에 '현타'를 느끼기도 했습니다.

그날부터였을까요? 제가 어울리지 않은 곳에서 일한다는 생각과 함께 직장에 대한 불만이 커지니 팀장과 계속 부딪혔어요. 퇴근 후 남편과 저녁을 먹을 때면 남편 귀에 피가 나도록 직장 욕을 했지요. 남편은 "조금 쉬어 보면 어때?"라고 사직을 권했고 맞벌이 부부로서 미안한 마음이 없지 않았지만, 다른 선택지가 없었던 터라 얼마 지나지 않아 사직서를 냈습니다.

그해 12월 초, 저는 직장 생활 시작 이래 처음으로 백수가 되었습니다. 처음에는 일을 하지 않고 쉰다는 사실에 설레었습니다. 15년 동안 한 번도 제대로 쉬지 않고 K직장인으로 살았던 터라, 쉬는 것 자체가 큰 선물을 받는 것만 같았거든요. 그런데 그런 마음은 오래가지 않았습니다. 딱 2주가 지나니 불안해지기 시작했지요. 워낙 혼자 시간을 보내지 못하는 성향이었는데, 친구들이 육아를 하거나 직장을 출근하며 바쁘게 사는 모습을 보니 더욱 그랬어요.

쉼의 설렘과 기쁨이 금방 휘발되면서 구직 활동을 시작했습니다. 사회복지사 구인 사이트에 들어가 일할 만한 곳을 찾았으나 보이지 않았습니다. 당시 경력으로 갈 수 있는 구인 공고 자체가 거의 없었고, 전 직장의 퇴사 이유를 고려했을 때 장애인을 위해 '제대로' 일하는 곳을 가는 것이 중요했는데 그런 곳이 어딘지 스스로 답을 찾지 못한 상태였어요.

구직 활동을 하면서 더 불안해지기 시작했습니다. 집 근처 지인의 사무실에 여유 공간이 있다고 해, 매일 아침 그곳으로 직장인처럼 출근했습니다. 사무실 같은 공간에 노트북을 펼쳐 놓고 앉으니, 마치 직장인이 된 것 같아 덜 불안했지요.

그렇게 매일같이 직장인의 마음으로 직장이 아닌 곳에 출근하던 어느 날 '사회적기업가 육성사업'이라는 사회적기업 창업지원 정보를 발견했습니다.

그 순간 눈앞에 번개가 치는 듯 번뜩했어요. 전 직장에서 보건복지부에 파견 근무 가서 조사했던 해외의 '쉬운 정보', 그때 동료와 함께 만들었던 '이해하기 쉬운 발달장애인법'이 떠오르며 '쉬운 정보를 만드는 사회적기업을 내가 직접 만들어 보자'라는 결심이 섰습니다. 내가 하고 싶은 일을, 나답게 할 수 있다면 장애인 가족으로서 전 직장에서 느꼈던 갈등도 없을 거라는 확신도 들었지요.

사업설명회가 있다길래 참가 신청을 했습니다. 사업설명회에 다녀와서는 바로 사업계획서를 쓰기 시작했어요. 서류 심사와 대면 심사를 순조롭게 통과했고, 2017년 한국사회적기업가

육성사업 창업팀으로 선정되었습니다. 그렇게 우연히 그리고 운명적으로 소소한소통이라는 회사를 만들게 되었어요.

오랜 기간 창업 아이템을 고민하고 시장조사를 하며 탄탄히 준비한 사람들에 비하면 준비 기간은 짧았지만, 그간의 경력 안에서 전문성을 갖고 있었기에 빠르게 사업 스타트를 할 수 있었습니다. 멘토에게 받는 조언과 남편의 지지, 간절함 등이 더해져 소소한소통은 발달장애인 복지 분야에서 이름을 알리며 쉬운 정보를 만드는 전문 사회적기업으로 자리 잡아 가고 있습니다. 누군가는 소소한소통을 '장애계의 BTS'라고 표현할 만큼 말이지요.

물론, 모든 일이 즐겁지만은 않습니다. 매달 빠져나가는 직원들 월급과 사무실 월세 등 고정적인 지출에 운영의 압박감이 적지 않아요. 하지만 쉬운 정보 만드는 일에 의미와 재미를 찾으며 열심히 일하는 직원들의 모습에서 종종 나의 모습을 발견하고, 그럴 때마다 직원들의 직장을 든든히 지켜 주어야겠다고 다짐합니다.

대표가 되어서 알게 된 대표의 삶은 여러 가지가 있는데, 가장 큰 것은 근무 시간이 따로 없는 것이에요. 일을 하는 시간 외에도 머릿속에는 일로 가득 찹니다. 밥을 먹을 때, 길을 걸을 때, 양치를 할 때 등 나의 의사와 상관없이 시도 때도 없이 머릿속에 일 생각이 치고 들어오지요. 이러한 삶이 생경할 때도, 스트레스가 많을 때도 있어요. 하지만 8년 차 사회적기업 대표의 삶을 사는 지금은 그런 패턴의 라이프 자체에 적응하기도 했고, 생각을 끊어 내고 쉴 수 있는 작은 노하우도 만들어 가면서 스스로를 단단하게 만들었다고 생각합니다.

사회적기업은 무엇보다 자생력이 중요해요. 사회적기업이라 하면 흔히들 정부의 지원이 전제되었다 생각하나, 사회적기업은 말 그대로 기업이기 때문이지요. 비즈니스를 통해 매출이 발생해야 하고, 안정적인 매출 구조가 없이는 오래가지 않아 사라질 수밖에 없어요. 일반 기업과 다른 점은 비즈니스 자체가 매출이라는 경제적 가치뿐 아니라 사회적 가치를 만들어 내야 한다는 것이에요.

어쩌면 두 마리 토끼를 다 잡아야 하기에 더욱 어렵기도 하지요. 그 안에서 소소한소통은 7년을 잘 버텨 냈고, 앞으로도 그럴 것이라 생각합니다. 직원들의 삶이 일로 지치는 것이 아니라, 일로써 충만해질 수 있도록. 단순히 돈을 벌기 위한 직장이 아니라, 자신의 삶의 가치관을 실현하는 직장이 될 수 있도록 오늘도 고민하며 잠이 듭니다.

만드는 일은 쉽지 않은,
쉬운 정보를 만듭니다

소소한소통이 만드는 '쉬운 정보'는 해외에서는 '이지 리드 (easy read)' 또는 '액세시블 인포메이션(accessible information)'이라 불립니다. 쉬운 정보는 쉽고 짧은 글에 글의 의미를 담은 시각 자료를 함께 더해 정보 이해를 돕습니다. 소소한소통은 주로 발달장애인을 위해 쉬운 정보를 만들지만, 쉬운 정보는 발달장애인뿐 아니라 어떠한 정보가 생소하거나 해당 정보와 관련된 지식이나 경험이 부족한 모든 사람들에게 유용합니다.

밥 먹고 쉬운 정보를 만드는 일만 한 지 어느덧 7년이 되었지만, 쉬운 정보를 만드는 일은 여전히 어렵기만 합니다. 사람들이 가진 지식의 깊이, 관심사, 문해력, 경험 등은 다양하고 그에 따라 '쉽다'는 기준도 사람마다 다를 수밖에 없어 어려운 일입니다. 쉽다는 것은 누군가에게는 어렵지 않다는 의미이기도 하고, 또 누군가에게는 편리함을 의미할 것이기도 합니다. 정보가 쉽다는 것 자체에도 여러 의미가 있는 것이지요.

이는, 발달장애인도 마찬가지입니다. 사람마다의 기준은

다르지만, 쉬운 정보가 되기 위한 일종의 조건들이 존재합니다. 가독성이 좋은 서체를 선택해야 하고, 글자의 크기는 최소 12 포인트 이상이 되어야 하는 등 반드시 지켜야 하는 지향점이 있습니다. 또한 꼭 필요한 표현이 아니라면 전문용어나 외래어 등의 표현은 가급적 사용하지 않는 지양점을 지키다 보면 조금 더 쉬운 정보에 가닿을 수 있지요.

그리고 중요한 것 중 하나는 실제 쉬운 정보를 사용할 사람, 즉 발달장애인 당사자의 감수를 받는 과정입니다. 발달장애인의 관점에서 어려운 표현은 없는지, 전달하고자 하는 의미로 이해하는지 등을 함께 살피다 보면 더 쉽게 바뀌어야 할 곳이 발견됩니다. 정성을 들이고 여러 차례 수정해 더 이상 수정할 곳이 없다고 생각되는 자료도 당사자의 감수 과정을 거치면 반드시 수정할 곳이 나와요. 쉬운 정보 제작 과정에 발달장애인의 참여가 필요한 이유입니다.

소소한소통에서 만든 쉬운 정보는 그 주제도 형식도 매우 다양합니다. 기본적으로 발달장애인이 일상에서 눈으로 접하는 모든 정보 자체가 쉬워져야 한다고 생각하기에, 발달장애인을 둘러싼 수많은 정보를 우선순위에 따라 하나씩 바꿔 나가고 있어요.

근로계약서

복지정책 안내 책자

장례식장 예절 안내

무엇이 더 우선하느냐고요? 세상의 모든 정보가 쉬워져야 한다고 생각하지만 시간이나 비용 등 자원의 한계를 고려하여 우선되어야 하는 것은, 안전과 권리에 직결되는 정보라고 생각합니다. 정보를 안다는 것은 내 삶을 선택하고 결정하는 것이기에 모르고 넘어가거나 잘못 알았을 때 손해나 피해를 보는 종류의 정보를 우선하는 것이지요. 나와 회사의 권리, 의무를 적시한 근로계약서뿐 아니라, 장애인으로 이용할 수 있는 복지 정책이나 서비스를 알려 주는 책자를 만들기도 했습니다.

또한 사회에서 살아간다는 의미는 나 혼자 잘 사는 것이 아니라, 다른 사람과의 관계에 대한 소중함도 있기에 그러한 종류의 정보를 알려 주는 것을 만들기도 하지요.

발달장애인에게 쉬운 정보가 이렇게 중요하지만 소소한소통 설립 초기에 만난 발달장애인 분들은 쉬운 정보가 무엇인지 생소해했습니다. 그도 그럴 것이, 경험하지 못했기 때문에 무엇인지 알 수 없었고, 쉬운 정보가 주어진다면 자신의 삶이 어떻게 달라질 것인지 상상하지 못했어요. 하지만 지금은 다릅니다. 소소한소통에서 만든 쉬운 정보를 보았고, 조금 더 쉽게 알려 주니 주변 사람에게 물어보지 않아도 스스로 알 수 있는 것이 많아진 발달장애인은 쉬운 정보를 더 만들어 달라고 목소리를 냅니다.

소소한소통 설립 초기부터 감수위원으로 함께했던 성규 님은 "김치찌개 만드는 법을 영상으로 알려 주면 좋겠어요"라며 주제뿐 아니라, 형식까지도 의견을 낼 정도로 쉬운 정보 사용자로 성장했습니다.

소소한소통은 쉬운 정보를 만드는 전문가지만 끊임없이 발달장애인의 관점을 갖고, 발달장애인의 입장이 되기 위해 노력합니다. 전문가의 눈이 아닌 발달장애인의 눈으로 세상을 바라보며, 필요하지만 존재하지 않는 주제의 쉬운 정보를 찾고 만들지요.

얼마 전에는 발달장애인 세 분과 함께 지도 앱을 켜고 여기저기를 함께 다닌 적이 있습니다. 시작은 그랬어요. 회의, 행사 등으로 약속을 하면 정해진 시간보다 너무 빨리 약속 장소에 도착해 기다리는 발달장애인이 많았던 것이지요. 왜 이렇게 빨리 오는지 궁금했습니다. 그리고 그 이유의 출발점이 어쩌면 길을 찾는 것, 지도 앱 사용에 있지 않겠느냔 생각이 들었지요. 소소한소통의 직원 2명, 발달장애인 1명이 한 팀이 되어 각 팀의 발달장애인이 원하는 하루를 보내 보기로 했어요. 인스타그램에 핫플로 자주 올라오는 성수동에 놀러 가기도 하고, 평소 발달장애인이 자주 가는 곳에 가는 팀도 있었지요.

공통적으로 발달장애인 세 명 모두 지도 앱의 기능을 잘 알지 못했고, 출발지와 목적지를 설정하는 것부터 지도의 방향을 보는 것까지 대부분 익숙지 않아 했습니다.

한 발달장애인은 평소에 주로 버스를 타고 이동한다고 했는데요. 목적지가 처음 가는 곳이면 주위 사람에게 어떤 버스를 타는지 물어보고, 물어볼 만한 사람이 없으면 전국 스마트 버스 앱을 켜서 버스를 하나하나 눌러 본다고 했습니다. 버스가 자기 집 앞을 지나가는지, 가고자 하는 목적지를 지나가는지 알아보는 거지요.

이렇게 해도 모르겠으면 인터넷 포털 사이트에 '○○ 가는 버스'를 검색해 본다고 합니다. 버스에서 내린 다음에는 운전하는 사람들이 주로 사용하는 앱인 '티맵'을 보고 목적지까지 걸어간다고 했어요. 큰 화면에 큰길 중심으로 알려 주고, 화살표가 나와 어디로 가면 되는지 알려 주니까 좋다고 하셨지요.

비장애인에게는 너무나 익숙하고 편리한 지도 앱이기에 생각지도 못한 지점이었습니다. 지도 앱 사용이 낯설고 어려운 발달장애인은 길을 헤매는 일이 많아 여유 시간보다 큰 여유를 가지고 빨리 출발하니, 약속 장소에 일찍 도착하는 것이었어요.

이렇듯 사회가 다수의 비장애인 중심으로 설계되어 있어, 발달장애인은 많은 부분 타인의 도움에 기대어 살 수밖에 없습니다. 그렇다 보니 '학습된 무기력'을 갖게 되는 발달장애인을 자주 만납니다. 발달장애인의 눈높이에 맞춰 정보가 제공된다면 충분히 이해하고 혼자 결정하거나 선택할 수 있는 것도, 스스로 할 수 있는 기회가 주어지지 않는 것이지요. 어려우니 물어봐야 하고, 이해를 잘 못하니 선택하는 데 자신이 없습니다. 의존 경험도 실패 경험도 차곡차곡 쌓이니 스스로 할 수 있는 것도 할 수 없는 것이라 느껴져 어느 순간 도전조차 하지 않게 됩니다. 생각해 볼까요? 내가 이해할 수 없는 언어로 가득한 사회에서, 그 언어를 보고 내 삶을 선택하고 결정해야 한다면 얼마나 작은 존재가 될 수밖에 없는지 말이에요.

소소한소통의 감수위원 중 한 발달장애인은 본인을 '평생 배우고 공부해야 하는 사람'이라고 칭했습니다. 그를 둘러싼 세상이 어려운 것, 모르는 것투성이기에 그의 말에 공감하면서도 한편으로는 안타까웠어요. 소수자를 고려하지 못하고 다수의 비장애인 중심으로 설계된 사회가 잘못된 것인데, 비장애인이 주로 사용하는 언어와 정보를 잘 이해하지 못하는 스스로를 푸념하듯 낮게 평가하는 그의 모습에 쉬운 정보를 만드는 사람으로서 미안한 마음까지 들었습니다.

그래도 다행인 건 몇 년 전부터 우리나라에 발달장애인을 위한 쉬운 정보가 확산되고 있다는 사실입니다. 쉽게 알려 주고 설명하니, 발달장애인도 스스로 이해하거나 선택할 수 있는 것이 많아진다는 것, 다양한 경험을 통해 자신의 일상을 즐겁게 채워 나갈 수 있는 분위기가 사회 전반에 퍼져 나가고 있습니다.

그중 가장 반가운 변화는 박물관, 미술관 등의 전시 공간에 쉬운 정보가 많이 녹아든 것입니다. 불특정 다수가 찾는 전시 공간에는 생소한 작품과 전시품 등이 많은 편이고, 그에 대한 소개나 해설에서도 낯선 표현이나 개념이 많이 등장해요. 성별, 나이, 문화, 장애 여부 등 다양한 사람들이 찾는 공간에서 친절하고 쉬운 해설은 발달장애인뿐 아니라 모두가 접근 가능한 정보가 됩니다.

소소한소통은 최근 몇 년 동안 국립중앙박물관, 서울시립미술관, 세계문자박물관 등 다양한 전시 공간에 활용될 쉬운 해설을 작업하고 있습니다. 전시 공간에서 작품을 마주할 다양한 관람객의 모습을 상상하며, 작품의 내용을 쉽게 설명하되 관람객 개인의 감상할 영역을 침범하지 않도록 노력하지요. 전시 해설은 여타의 쉬운 정보보다 더 많은 시간과 노력이 필요해요. 쉽게 이해되는 것 이상으로 주관적으로 즐길 수 있는 부분을 넘어서지 않도록 중심점을 잘 잡아야 하기 때문이에요.

작년에는 국립중앙박물관의 쉬운 전시 해설 작업 후에 발달장애인을 위한 전시 투어 프로그램을 기획, 운영하기도 했습니다. 4회에 걸쳐 약 50명의 발달장애인이 쉬운 해설이 더해진 전시를 함께 관람했어요. 평소 발달장애를 가진 자녀에게 다양한 경험을 제공하려고 노력하지만, 박물관의 경우 워낙 비장애인 중심으로 어렵게 되어 있어 엄두를 내지 못하는데, 좋은 기회를 만들어 주어 고맙다는 한 어머니의 말씀이 가장 기억에 남습니다.

또, 성인이 되어 가장 크게 겪는 변화 중 하나가 선거에 참여하는 참정권을 갖게 되는 것이라 생각하는데요. 소소한소통은 발달장애인의 투표 참여를 돕는 정보도 쉽게 만들고 있습니다. 후보자에게 나의 한 표를 행사하는 것은 성인이 된 국민에게 주어진 중요한 권리인데요. 투표의 방법이나 순서가 복잡하거나 후보자의 공약 이해가 어려운 발달장애인의 참정권이 제대로 보장받아야 한다고 생각합니다. 소소한소통은 선거를 앞두고 투표의 과정이나 절차, 투표할 때 주의해야 할 사항을 쉽게 알려 주거나 선거 공보물에서 자주 접하는 어려운 정책 용어 등을 쉽게 알려 주는 자료를 만들었어요. 이런 정보는 발달장애인뿐만 아니라, 투표가 처음인 청소년에게도 필요한 정보라 생각합니다. 다양한 삶을 경험하며, 그 안에서 내가 좋아하는 것, 싫어하는 것을 발견하는 일. 때로는 성취를 경험하고 때로는 실패를 경험하는 소소한 일상이 발달장애인에게도 똑같이 주어지기를 바라며 오늘도 쉬운 정보를 만듭니다.

거부당하는 몸

쉬운 정보를 만들고 있지만 날마다 마주하는 저의 일상은 쉽지만은 않은데요. 언젠가 토요일 이른 오후 남편과 두 명의 지인, 저까지 넷이 치킨을 먹으러 갔었어요. 이른 시간이라 치킨집이 문을 연 지 얼마 안 되었는지, 매장은 텅 비었고 우리가 첫 손님인 것 같았습니다.

저는 늘 그랬듯 남편이 앉기 편하게 출입구에서 가까운 적당한 자리를 골라, 휠체어가 들어갈 수 있게 의자를 빼냈고 "사장님, 의자 어디에 둘까요?" 하고 물었습니다. 그 순간. 사장님은 인상을 쓰며 우리를 향해 손을 절레절레 흔들어 댔어요. 의자를 치우면 안 된다는 거예요. 휠체어 사용자인데 의자를 안 치우면 어떻게 앉느냐 되물으니 무조건 안 된다고만 했습니다. 의자를 치우면 복잡하고 사람들이 다니기 불편하다는 말을 덧붙였습니다. 그 넓은 매장에 손님은 저희밖에 없었는데도 말이지요.

남편과 연애 포함 10년이라는 시간 동안 함께 다니며, 불쾌하고 당황스러운 경험을 여럿 해 봤지만 '거부'는 처음이었습니다. 얼굴이 달아오르는 게 느껴질 만큼 화가 치밀어 올랐고, 어떻게든 거기서 치킨을 먹어야겠다 결심한 그 순간 남편은 "그냥 가자"며 뒤돌아 나섰습니다. 큰 소리 내며 따지는 데 자신의 시간을 쓰기 싫다는 남편 따라 '거부'하지 않는 다른 곳을 찾아 발길을 돌렸어요.

치킨집은 집 근처 지하철역 출구 바로 앞에 있습니다. 지금도 출퇴근길에 치킨집을 볼 때면 화가 치밀어 올라요. 거부라니. 아무런(정당한) 이유도 없이 손님으로 거부당하는 경험은 비장애인인 나는 겪지 않은 일이고, 앞으로도 겪지 않을 일입니다. 장애를 가졌다는 이유로 비장애인과 다른 결의 삶을 살아가게 되는 것은 납득하기 어려워요.

장애인과 삶을 겹쳐 사는 비장애인으로 살다 보니 똑같은 사람인데, 장애인이라는 이유로 사람으로 존재를 부정당하는 순간을 자주 목도합니다. 그 순간을 지혜롭게 잘 헤쳐 나가고 싶은데요. 현명하게 지혜를 발휘하기보다 사회에 대한 실망과 분노의 감정이 먼저 솟아올라 매번 상처만 남는 것 같습니다.

하루는 남편과 병원에 갔어요. 남편이 내시경 검사를 받는 데 보호자로 동행했고, 보호자 역할을 부여받기는 했으나 병원의 편의시설이 따라 주지 않을 때 남편의 이동을 돕는 정도로 함께한 것이었습니다.

하지만 만나는 간호사, 의사마다 저를 정말 보호자 대하듯 하는 거예요. 당사자인 남편에게 건강 상태를 묻고 설명하면 될 것을 남편이 아닌 나를 향해 묻고 설명했습니다. 그런 의료진에게 남편은 "저에게 말씀하면 됩니다" 하고 불필요한 요청을 해야 했어요. 휠체어를 사용하는 사람에게는 보호자가 있어야 한다는 생각. 또는 휠체어 사용자는 누군가의 보호자가 아닐 거라는 생각을 자주 겪는 것도 불편한 일 중 하나입니다.

여러분은 어떤 대중교통을 자주 이용하나요? 저는 정확한 시간 안에 빠르게 이동할 수 있는 지하철을 선호하는 편이에요. 언제부턴가 서울 시내 지하철을 타면 '시위로 인해 열차가 지연된다'는 안내 방송을 종종 듣습니다. 왜 장애인들이 지하철 시위를 하는지 생각해 본 적이 있나요?

해외여행 경험이 많지 않아 다른 나라의 지하철을 이용한 경험이 적기는 하지만, 오래전 뉴욕에서 지하철을 타고 깜짝 놀란 적이 있어요. 뉴욕은 화려하고 아름다운 도시이지만, 지하철은 우리나라와 비교할 수도 없을 만큼 불편했고 지저분했습니다. 생쥐가 여기저기 다녔고, 지하철과 플랫폼 사이 간격도 다리가 쑥 빠질 만큼 넓었어요. 우리나라는 수도권 웬만한 곳은 지하철로 다닐 수 있을 만큼 노선들이 촘촘히 연결되어 있고, 지하철 앱을 보면 하차나 환승이 빠른 탑승 칸 정보도 확인할 수 있어 빠르게 이동할 수 있지요. 언젠가부터는 크고 작은 승객의 키를 고려해 지하철 안 손잡이 길이도 짧고 길게, 다양해진 만큼 더욱 친절하고 편리해졌습니다.

하지만 이 모든 것은 비장애인의 기준이지요. 적어도 휠체어를 사용하는 장애인에게 지하철은 불편하고 안전하지 않습니다. 저는 이 사실을 남편과 결혼한 후에야 깨달았어요. 혼자 지하철을 이용할 때는 겪지 못한 불편함이 남편과 지하철을 탈 때면, 새로운 세계를 마주한 것처럼 예상하지 못한 위험과 불편함이 여러 순간에 튀어나왔습니다.

오래 걸리는 점은 그렇다 쳐도 안전하지 못한 것은 명백한 차별이라 생각해요. 휠체어 리프트 사고로 사망한 장애인의 사건 기사를 볼 때마다 큰 슬픔과 안타까움을 느낍니다. 조금 더 안전한 공간을 마련했더라면 지킬 수 있는 생명을 우리는 잃을 수밖에 없는 사회에 살고 있습니다. 지하철 시위로 운행에 차질을 빚게 하여 시민들의 불편함을 낳는 시위 방식이 정당한 것은 아닐 것입니다. 하지만, 왜 사람들의 손가락질을 받을 것을 각오하고 지하철 시위에 몸을 던지는지, 지하철 시위 활동가들의 삶을 들여다보면 좋겠습니다.

아침에 일어나 어딘가로 향하는 일은 우리에게 숨 쉬듯 자연스러운 일상입니다. 다시 말해, 목적지를 향해 이동하는 것은 밥을 먹고 숨을 쉬며 사는 것처럼 모든 사람이 해야 하며, 누려야 하는 일이지요. 우리는 모두 학교도 가고, 회사도 가며, 친구도 만나고 여행도 다닙니다. 하지만 시민을 위한 대중교통에 장애를 가진 시민의 공간은 마련되어 있지 않아요. 대중교통을 사전에서 검색하면 '여러 사람이 이용하는 버스, 지하철 따위의 교통'이라 나옵니다. 이 여러 사람에는 어린이, 어르신, 장애인 등 모든 시민이 포함되지요. 그래서 장애인 활동가들은 손가락질 받으며, 욕먹을 각오를 하고 지하철 시위에 자신의 몸을 던집니다. 개인의 부귀나 영화를 위함이 아닙니다. 자신과 같은 장애를 가진 사람들이 안전하게 지하철을 이용했으면 하는 공공의 목적이지요. 그리고 그들이 오랜 기간 노력해 만들어진 장애인을 위한 엘리베이터에는 휠체어 사용자보다는 다리가 불편한 어르신, 짐이 많은 승객들도 이용합니다. 결국 다수의 시민을 위한 일을 시민을 대신해서 하고 있음을 우리는 알아야 해요.

어느 날 남편과 외출하는 길에 지하철을 이용했고, 엘리베이터를 탔습니다. 엘리베이터 한쪽 벽에는 작은 스티커가 붙어 있었고, 이렇게 쓰여 있었어요.

'우리가 편리하게 이용하는 이 엘리베이터는 장애인들의 요구와 투쟁으로 만들어졌습니다. 더 나은 세상을 위한 장애인의 요구를 비난하거나 혐오하지 말고 함께 살아갑시다. 장애인의 삶이 나아지면, 우리의 삶도 나아집니다. 이 엘리베이터처럼!'

엘리베이터는 장애인만을 위한 시설이 아닌 지하철을 이용하는 모든 시민이 편하게 이용할 수 있는 편의 시설이란 걸 우리는 모두 알고 있습니다. 물론, 지하철 시위로 인해 회사나 학교에 지각하는 등 당장의 불편함이 존재하는 것은 안타까운 일이에요. 처음부터 시민들의 불편을 초래했던 것은 아니고, 활동가들은 여러 방식을 시도했습니다.

하지만 많은 사람들이 관심을 갖지 않고서야 어떠한 변화도 만들어지지 않는 게 현재 우리 사회의 씁쓸한 현실이지요. 수많은 휠체어 사용자는 비장애인이 겪는 잠깐의 불편함을 넘어서서 매일 안전하지 못한 공간을 오갑니다. 똑같이 세금 내며 살아가는 시민인데도 시민으로서의 안전한 권리를 보장받지 못하고 있습니다. 비장애인은 '이동권'이라는 권리가 필요없어요. 어딘가에서 어딘가로 가는 것은 숨 쉬듯 자연스러운 일상일 테니 말이에요. 장애를 가졌다는 이유로 보통의 삶을

살 권리가 보장되지 않고 있는 우리나라가 안타깝기만 합니다.

앞서 말한 치킨집 거부 사건, 그날 거기서 우리의 권리를 정당하게 요구하지 못한 후회가 아직도 남습니다. 당장의 우리가 아니더라도 또 다른 거부를 당할 장애인을 만들지 않기 위해서 싸웠어야 했는데 말이지요. 거부당하는 몸의 곁에 서서, 목소리를 내고 지켜야 한다고 결심합니다. 똑같은 인간으로서 존중받을 권리를.

있는 그대로의 모습을 존중한다는 것

발달장애인을 위한 쉬운 정보를 만들면서 하는 일 중 하나는 발달장애인 당사자에게 교육하는 일입니다. 발달장애인이 이용할 수 있는 복지 서비스의 종류를 알리는 일부터, 자신의 인권을 지키기 위해 알아 두어야 할 것, 쉬운 정보가 무엇이고 발달장애인에게 왜 권리인지 알려 주는 것까지 다양한 주제의 교육을 발달장애인의 눈높이에 맞춰서 진행해요. 비장애인에 비해 정보 이해 수준이 낮거나 다양한 경험이 없기에 발달장애인을 위한 교육에는 조금 더 많은 노력을 들여 준비합니다.

실제 교육을 운영할 때는 발달장애인 개개인의 장애 정도나 특징 등을 존중하는 일에 집중합니다. 강의 장소에는 조금 일찍 도착해 한 사람 한 사람의 모습과 소통 방식을 관찰해요. 반가움으로 먼저 다가오는 분에게는 이런저런 질문도 던지며 친분을 쌓기도 하고, 어떤 것을 좋아하는지 어떤 성향의 사람인지 짧은 시간에 모두 파악할 수는 없지만 최대한 알아 가려고 깊은 시간을 갖습니다.

파워포인트 자료를 활용하지만 장표마다 너무 많은 글을 넣지 않고, 이미지도 섞어 가며 관심을 유도하려고 해요. 그리고 중간중간 발달장애인이 직접 참여할 수 있는 형식의 활동지를 준비합니다. 만약 글을 모르거나 언어적 의사소통이 어려운 사람이 많은 경우, 글을 쓰기보다는 그림을 그리거나 색칠하는 등의 조금 더 편안한 방식의 활동지를 활용하지요. 그리고, 그 안에서 개인의 자유로움을 맘껏 펼치도록 합니다.

'소소한소통' 파워포인트 자료

한 기관의 요청으로 중증 발달장애인에게 교육하러 간 적이 있습니다. 언어적 의사소통이 어려운 중증 발달장애인 분들이 계셔서 비언어적 의사소통을 관찰하고 파악하며 교육을 진행했어요. '축구'를 주제로 이야기를 나누다 축구 유니폼과 축구공을 각자의 스타일로 색칠해 보는 시간을 가졌지요. 좋아하는 색깔로 유니폼과 축구공을 채워 가는 모습도, 선 밖으로 색연필이 삐쳐 나가 삐뚤빼뚤했지만 집중하며 함께 하는 모습이 보기 좋았습니다.

그런데 발달장애인의 교육 참여를 지원하던 한 공익근무요원이 축구공은 그 색이 아니라며 색연필을 바꾸려고 했어요. 발달장애인이 교육에 참여하고 스스로 무언가를 한다는 기회 자체가 중요하기 때문에, 사회의 고정관념이 발달장애인의 참여를 제한하는 것이 아쉬웠습니다. 그래서 색깔보다 중요한 것은 발달장애인이 스스로 할 수 있는 기회를 갖는 것이 중요하니, 어떠한 색을 써도 괜찮다고 말했어요.

생각보다 많은 사람들이 다수가 정해 놓은 정답에 소수를 끼워 맞추려 합니다. 발달장애인의 경우, 특히 중증 발달장애인의 경우 그러한 끼워 맞춤의 경험을 타의에 의해 많이 겪게 되지요. 한 사람의 인권을 존중한다는 것은, 그 사람의 있는 그대로의 모습을 존중한다는 의미라는 것을 기억하고 발달장애인의 있는 그대로의 모습을 존중하는 사람이 많아지면 좋겠습니다.

    소소한소통의 대표로 살며 다양한 매체와 인터뷰를 많이 했는데, 공통적인 질문 중 하나가 "어떻게 발달장애인과 관련된 일을 하게 되었느냐"예요. 대체로 가족 등 가까운 사람 중에 발달장애인이 있는지 궁금해서 하는 질문이었습니다.

    독자분들도 그런 궁금증이 드시나요?

    발달장애인과 관련된 일을 하기 전에는 발달장애인을 만난 경험은 대학교 봉사활동이 전부였습니다. 학창 시절 발달장애를 가졌을 거라 생각되는 친구가 떠오르긴 하나 선명하게 남아 있지는 않아요. 다른 사람에게 질문을 받고서야 비로소 스스로에게 '나는 왜 발달장애인과 관련된 일을 이토록 오래하고 있는 걸까'라는 물음의 답을 찾아보았습니다.

    사람은 누구와 시공간을 겹치며 사느냐에 따라 다른 모습을 가지게 된다고 생각해요. 가족과 있을 때, 친구와 있을 때, 그리고 직장 동료나 상사와 있을 때, 친구더라도 어떤 친구냐에 따라 조금은 다른 자신의 모습을 꺼내고 발견합니다. 특히 사회적 관계로 맺은 사람일수록 내 본연의 모습보다, 나의 사회적인 위치도 고려하고 상대방의 반응도 의식할 수밖에 없지요. 딸 백정연, 아내 백정연, 친구 백정연, 소소한소통 대표 백정연의 모습은 모두 다를 수밖에 없습니다.

그런 수많은 내 모습 중에 저는 발달장애인과 함께 있는 저의 모습을 사랑한다는 것을 알게 되었어요. 엉뚱한 말과 행동으로 생각지도 않은 웃음을 던져 주는 그들의 매력 덕에 같이 있으면 계속 웃게 됩니다. 상대의 말과 행동의 이면을 파악하려 노력하기보다 있는 그대로 마주하고 대하는 그들의 성향 덕에 나도 밀고 당기거나 계산하지 않고 있는 그대로의 모습을 바라보고 이야기 나누는 것이지요.

조금은 예의를 벗어난 것 같은 모습에 이런저런 설명을 하면, 빠르게 이해하고 사과합니다. 그런 그들과 같이 있으면 저도 그들과 비슷해져요. 솔직하고, 이해하고, 받아들이고, 존중합니다. 모든 발달장애인이 그렇지 않을 수도 있어요. 적어도 제가 만난 발달장애인은 저에게 그런 존재였습니다. 그리고 저 또한 그들에게 그런 존재라 믿고 있고요.

사람들은 '왜' 발달장애인과 관련한 일을 하게 되었는지 많이 궁금해하면서도, 정작 발달장애인과 '어떻게' 지내는지에 대해서는 그만큼 궁금해하지 않는 것 같아요. 발달장애인과 친구를 맺고, 발달장애인과 사이좋게 지내는 일상을 상상하지 않아서일까요? 하지만 모든 사람이 각자 다른 모습을 가지고 있고,

다르면서도 결국 똑같은 사람이듯 친구로 지내는 것처럼 발달장애인과도 마찬가지랍니다.

제게는 '누나, 동생' 하며 친하게 지내는 발달장애인이 있어요. 공교롭게도 우리 둘은 생일이 같아요. 함께 알고 지낸 지 10년 가까이 되었으니, 우리의 생일이 같은만큼 서로를 누구보다 잘 알지요. 그런데도 매번 우리의 생일이 되면 그 친구는 카톡을 보내옵니다. 저의 생일 축하한다는 인사 대신 "누나, 저 생일이에요. 생일 축하해 주세요" 하며 자신의 생일을 축하받는 일이 중요해요. 그러면 저는 답장을 보냅니다. "○○아, 누나도 오늘 생일이야. 누나 생일 축하해 줘" 하고 말이지요. 이내 온 답장에는 "누나 생일 정말 축하해요!" 하고 음성 지원까지 되는 축하 인사가 담겨 있어요. 계산기를 두드리는 관계에서는 조금은 이상하고 서운할 수 있는 이런 상황들은 저에게 웃음 포인트이자 삶의 활력소가 됩니다.

장애인 가족이 되어서야 발견한
삶의 의미

자, 마지막으로 친구보다 더 가까운 사이인 남편 이야기를 다시 해 볼게요. 지금은 덜하지만, 결혼 초반만 해도 남편이 혼자 외출할 때 걱정과 불안이 컸습니다. 휠체어 사용자가 다니기에 여기저기 안전하지 못한 곳이 너무 많고, 도움이 필요한 상황임에도 불구하고 기꺼이 나서 주는 사람들도 없기에 어디 전장에 내보낸 것처럼 걱정될 수밖에 없었어요.

남편에 대한 걱정은 걱정에서 멈추지 않고, 타인을 대하는 나의 태도와 마음을 변화시켰습니다. 내가 동행하지 않아도 남편이 안전하게 사회 곳곳을 누빌 수 있기를 바라는 마음이 이루어지려면 나도 누군가의 가족을 안심시킬 수 있게 친절해야 한다고 믿게 되었지요. 그래서 언제부터인가 일상에서 소소하지만 내가 할 수 있는 일을 찾아서 하기 시작했습니다.

대표적인 것 중 하나가 지하철을 타는 패턴의 변화예요. 지하철을 탈 때면 일부러 휠체어 사용자 탑승 칸을 찾아서 탑니다. 혹시나 지하철을 이용하는 장애인 분에게 도움이 필요한 순간, 외면하는 수많은 사람 속에서 외롭거나 힘들지 않았으면 하는 마음. 혹시나 다수의 비장애인 안에서 소수자로서 상처받는 일이 있을 때 편이라도 들어줄 수 있지 않을까 하는 마음에서 하는 행동이에요.

물론 지금까지 제가 나설 만큼 휠체어 사용자가 불편하거나 위험한 일은 없었습니다. 참 다행이지요? 장애인뿐만 아니라 도움이 필요해 보이는 사람도 그냥 스쳐 지나가지 않습니다. 무거운 짐 가방을 든 여행객이 한 계단 한 계단 겨우 내려가고 있을 때면 달려가 함께 손잡이를 잡고 짐의 무게를 나눠 듭니다. 어느 방향으로 가야 할지 두리번대는 어르신이 있다면 어디를 가시는지 묻고 길 안내를 해 드려요. 아주 사소한 노력이지만, 이런 나의 도움을 받은 누군가가 도움이 필요한 남편을 마주했을 때 그냥 스쳐 지나가지 않기를 바라고, 또 그러리라 믿습니다.

장애인 가족의 정체성은 소소한소통 대표의 삶에도, 소소한소통 조직에게도 영향을 끼치고 있어요. 쉬운 정보를 만드는 전문 사회적기업이 필요하다는 생각과 함께 장애인을 최우선에 둔 조직에서 일하고 싶은 마음에서 소소한소통을 만들었기에, 회사의 모든 결정은 발달장애인을 가장 우선에 두고 있습니다. 우리가 하는 일이 발달장애인에게 필요한 일인지, 발달장애인이 원하는 일인지, 발달장애인을 위한 선택인지를 생각하는 것이지요.

소소한소통의 진정성과 장애 전문성이 사회적으로 인정받고 조금씩 성장할 수 있었던 것은 장애인 가족으로서 삶을 살아가는 개인의 정체성이 큰 도움이 되었습니다. 이런 제 생각이 장애인 가족이어야만 진심을 가지고 일한다는 뜻은 아니에요. 경험하지 않았다면 깊숙이 알지 못한 일, 장애인 가족이 되어서야 발견한 삶의 의미가 제 자신에게는 매우 컸고 '경험 중심의 삶이 중요한 나'에게는 적어도 그렇다는 의미입니다.

남편과 결혼 전에는 모든 일상이 예측할 수 있었고, 편안한 틀 안에서 흘러갔어요. 예측하지 못한 새로운 일도 해결할 수 있는 범위 안에 있어 일상으로 돌아오는 데 큰 에너지가 필요하지 않았지요. 하지만 장애인 가족이 되니 그런 일상은 깨어졌어요. 사회를 바라보는 나의 시선도 달라졌습니다.

이런 변화가 낯설어 사회에 대해 일종의 배신감을 느꼈던 시기도 있었어요. 그리고 시간이 흐르면서 저는 나의 삶과 다른 장애인 가족의 삶을 바라보며 이전에는 몰랐던 새로운 것들을 발견했습니다.

흔히들 장애인의 가족들이 힘들고 불안할 거라고 많이 생각합니다. 물론, 힘들지요. 그 힘듦은 장애에 대한 낮은 사회적 인식, 부족한 사회 정책이나 서비스 때문에 가족의 책임이나 역할이 많이 요구되기 때문이에요. 사회적 환경 때문에 힘든 현실을 떼어 놓고 바라보면, 힘든 것 이상으로 사랑이 가족 안팎에는 사랑이 존재합니다. 장애를 가진 가족을 돌보는 과정에서

다른 사람의 따뜻한 도움과 지지를 경험하기도 하지요. 가족, 친구, 이웃의 의미를 다시 되새길 수 있고, 삶이 가진 의미와 주변으로부터 받는 사랑, 용기, 지지, 이해 등은 삶의 풍요를 느낄 수 있게 합니다. 바쁘게 돌아가는 사회에서 나 개인, 우리 가족만 알며 살아갈 수 있는 삶을 깨뜨리고 장애인 가족이 되어서야 가질 수 있는 삶의 시각을 선물받을 수 있었어요.

가끔 생각합니다. '남편과 결혼하지 않았다면, 나는 어떤 삶을 살고 있을까?' 하고 말이지요. 장애인복지 현장에서 사회복지사로 계속 일하고 있을까. 아니면, 지금과 전혀 다른 가치관으로 전혀 다른 삶을 살고 있을까.

한 가지 분명하게 감사한 것은 저는 제 삶의 가치 이상으로 타인, 그중에서 소수자의 삶을 중요하게 생각하는 사람이 되었어요. 남편이 장애를 가졌다는 이유로 타인에게 존중받지 못하고 차별을 겪는 일로 인해서, 그런 사회를 바꾸고 싶다는 생각을 한 것이지요. 그리고 자신의 일이라 나서기 어려워하는 사람들을 대신해 차별과 혐오를 막아설 용기를 갖게 되었습니다.

장애를 가진 사람과 삶을 겹치며 살아가다 보니 차별은 오늘도 계속되고, 내일은 또 다른 차별을 발견하게 될지도 몰라요. 어쩌면 중요한 것은 그 차별을 인식하는 '눈'에 있다는 생각도 들어요. 지하철 안에서 휴대폰만 들여다보는 대신 주변을 살피고 혹시라도 도움이 필요한 사람이 있는지, 부당한 차별에 놓인 사람은 없는지, 그런 상황에 내가 할 수 있는 일은 무엇인지 '살피는' 눈 말이에요. 나 자신의 행복이나 안위 이상으로 다른 사람의 행복과 안위를 생각하게 되었기에 가능한 일이라 생각합니다.

저는 이것이 저만의 특별한 능력이라 결코 생각하지 않아요. 누구나 마음만 먹으면 언제든 주변 사람들을 바라보는 눈을 가질 수 있으니까요. 그리고 그곳에서부터 존중과 배려가 시작될지도 모릅니다. 우리가 사는 일상은 바로 그렇게 작은 곳에서 변화할 수 있을 거예요. 소소하지만, 의미 가득하게 말이지요.

너를 위한 추천 리스트

책,
읽어 보기를
부탁해!

『어른이 되면』
(장혜영 지음, 시월, 2020)

발달장애인 동생을 둔 언니가 동생과 함께 보낸 시설 밖의 일상을 담은 책입니다.
평범하면서도 특별한 일상을 보내는 자매의 이야기를 통해 장애인의 삶, 권리에
대해 생각해 볼 수 있습니다.

『선생님하고 나는 친하니까』
-15년 차 특수교사와 아이들의 환장하게 행복한 하루들
(권용덕 지음, 소소한소통, 2021)

특수교사 권용덕 선생님이 학생들과의 하루하루를 담아냅니다. 매일 일어나는
좌충우돌 학교생활을 들여다보면 나도 모르게 큰 웃음을 터뜨리게 됩니다. 장애
인과 교육, 장애 학생과 선생님은 특별한 관계가 아니라는 것도 알게 되지요.

『성소수자 지지자를 위한 동료 시민 안내서』
(지니 게인스버그 지음, 허원 옮김, 현암사, 2022)

주변에 성소수자가 있나요? 성소수자의 삶을 응원하지만 무엇을 어떻게 지지할 수 있는지 낯선 분들에게 추천하고 싶습니다. 성소수자들의 권리를 지지하고, 함께 고민하고 행동하는 것은 거창하지 않은 작은 일상에서 가능해요.

『이규식의 세상 속으로』 -나의 이동권 이야기
(이규식, 김소영, 김형진, 배경내 지음, 후마니타스, 2023)

어딘가로 이동하는 일이 지극히 평범한 일상인 사람들이 많지요. 이 책은 그러한 평범한 시간이 결코 평범하지 않은 사람의, 이동권 투쟁기입니다. 지하철 이동권 시위로 불편했던 분들에게 꼭 추천합니다. 사람과 삶을 이해하고, 세상을 바라보는 시야를 넓게 해 줄 것입니다.

『학교 가는 길』 -17년의 기다림과 장애인권 이야기
(김정인, 발달장애인 부모 7인 함께 지음, 책폴, 2022)

여러분의 학교 가는 길은 어땠나요? 즐거웠나요? 여기, 매일 2시간 가까이 통학 버스를 타며 학교를 다닐 수밖에 없는 학생들이 있습니다. 자녀가 교육을 받을 수 있도록, 평범한 학교 다니는 일이 가능하도록 투쟁한 부모님도 있고요. 한 공립특수학교의 설립 과정을 통해 우리 사회의 민낯을 깨닫는 동시에 우리가 어떻게 공존하며 살아갈 것인지 생각거리를 던져 주는 책입니다.

읽기 전, 너와 나의 체크리스트

☐ 내가 가장 잘하는 언어는 한국어이다.

☐ 그러나 국어를 아주 잘한다는 것은 아니다.

☐ 지금 나에게 영어란, 암기 과목일 뿐이다.

☐ 나중에 취미로 배워 보고 싶은 외국어가 하나 이상 있다.

☐ 파파고, 챗GPT, 구글 번역이 워낙 훌륭해서 딱히 외국어 공부의 필요성을 느끼지 못한다.

4부

언어와 삶:
내 언어로 내 세계를
지어 가는 방법

김미소

공부의 기초 다지기

본문에서 읽어 나갈 이야기의 포인트를 먼저 공개합니다!

기초를 단단히 다지고 시작하면 훨씬 더 집중할 수 있겠지요?

* 어떤 언어를 국가의 테두리 안에 가두는 건 불가능하다.

* 모국어와 외국어라는 친근한 단어 대신에 1언어와 2언어라는 단어를 쓴 이유는, 이 단어가 언어를 바라보는 관점을 바꾸어 주기 때문이다. 1언어와 2언어는 이 언어를 배우는 '나' 자신을 중심에 놓아준다.

* 우리는 숨 쉬듯 언어를 변화시킨다. 동시에 언어가 우리를 변화시키기도 한다.

* 새로운 언어를 말하려면 그 언어의 독특한 가치관을 익혀야 한다.

* 아주 당연해 보이는 관념이라도 언어에 따라 다르게 표현된다.

김미소

언어를 공부하는 저를 소개합니다

이야기를 좋아하고, 언어 사이에 푹 빠져 유영하는 걸 좋아합니다. 언어에 빠지는 게 아니라, 언어 사이에 빠지는 걸 좋아해요.

이야기가 너무 좋은 나머지 국어교육과에 진학해서 국어 선생님이 되고 싶었습니다. 하지만 지원한 대학에는 국어교육과가 없어 영어교육과에 들어갔는데, 이 우연 때문에 새로운 언어가 펼쳐지는 세계에 발을 들여놓게 되었습니다. 대학교 졸업 이후 미국에 6년, 일본에 5년 살면서 세 언어 사이의 계곡에 뚝 떨어지게 되었고요.

언어 사이의 계곡을 유영한다는 건 단어가 가진 이야기를 파고들어 가는 일 같아요. 예를 들어 한국어로 '닿다, 접촉하다'는 일본어 동사 触れる(후레루)로 표현합니다. 触れる를 영어사전에 넣어 보면 touch라는 말이 나오고요. 닿다, 触れる, touch 모두 비슷한 의미를 갖고 있다고 할 수 있겠네요.
일본어로는 "새로운 문화를 접하다"같은 말도 触れる로 표현합니다. 한국어도 "새로운 문화에 닿다, 새로운 문화와 접촉하다"는 어색하지 않죠. 하지만 이 말을 영어로 touch a new culture라고 옮기면 아무래도 어색합니다. '触れる' '닿다' 'touch' 사이에는 어떤 문화의 차이가 흐르는 걸까요? 촉각은 모든 사람이 느끼는 감각인데, 왜 영어 touch는 새로운 문화에 "닿다"라는 의미로 쓸 수 없을까요? 이 세 단어가 우리에게 들려주고 싶은 이야기는 무엇일까요?

여러분의 모국어는 무엇인가요? 여러분은 어떤 외국어를 공부해 본 적이 있나요?

첫 번째 질문에 "한국어"라고 답한 분이 많을 것 같아요. 많은 경우 우리가 태어난 국가는 한국이니까 모국어는 한국어라고 이야기할 수 있지요.

그렇지만 한국의 공식 언어가 하나 더 있는 거, 혹시 알고 계셨나요? 한국어와 한국 수어, 둘 다 한국의 법적 공용어입니다. 우리 모국의 공식 언어는 두 가지지만, 우리는 보통 '모국어'를 들었을 때 한국어만 떠올리게 되어요. '모국'의 언어인데, 왜 우리는 한국 수어를 잘 떠올리지 못할까요?

두 번째 질문에는 뭐라고 답하셨나요? 영어, 일본어, 중국어, 태국어, 스페인어 등등 다양한 언어가 나왔을 것 같아요. 그런데 혹시 영어는 어떤 국가의 언어인가요? 미국을 떠올린 분이 많으실 텐데요, 미국은 국가 단위의 공용어가 없어요. 프랑스어와 스페인어의 경우는 프랑스와 스페인의 공식 언어로 지정되어 있습니다. 그런데 프랑스어는 캐나다의 퀘벡 주와 세네갈, 콩고민주공화국 및 아프리카의 수많은 국가에서 널리 쓰이고, 스페인어는 미국, 멕시코, 에콰도르 등 아주 많은 국가에서 두루두루 쓰이고 있습니다.

어떤 언어를 국가의 테두리 안에 가두는 건 불가능합니다. 언어는 언제나 국경을 넘나들어요. 모국어 및 외국어라는 표현은 언어와 국가를 묶어 버립니다. 틀린 표현은 아니지만 언어와 국가가 언제나 일대일로 대응하지는 않기 때문에, 바람처럼 국가의 경계를 자유롭게 넘어 다니는 언어의 양상을 담아낼 만큼 유연한 표현은 아닙니다.

혹시 여러분의 '1언어'는 무엇이고, '2언어'는 무엇인가요? 혹시 3, 4언어 역시도 배워 본 적이 있나요? 모국어와 외국어라는 친근한 단어 대신에 1언어와 2언어라는 단어를 쓴 이유는, 이 단어가 여러분의 언어를 바라보는 관점을 바꾸어 주기 때문

131

입니다. '국가'에서 '나 자신'으로요. 모국어와 외국어라는 표현은 '국가'를 통해 언어를 말하지만, 1언어와 2언어는 이 언어를 배우는 '나' 자신을 중심에 놓아 줍니다. 이 언어가 어느 국가의 언어인지보다는, 이 언어가 내 사고를 처음 만들어 준 1언어인지, 이후에 배운 2언어인지를 생각하게 해 줘요.

우리는 1언어와 2언어를 어떻게 배워 왔고, 각 언어로 어떤 세계를 만들어 왔을까요? '국가'에서 '나'로 초점을 옮겨서, '나 자신'의 언어 세계에 대한 이야기를 해 봅시다.

타인과 나

1언어와 2언어에서 어떤 단어를 어떻게 배웠는지 혹시 기억하세요?

예를 들어, '엄마'를 어떻게 배웠는지 기억하세요? 그럼 혹시 'a lot of'는 어떻게 배웠는지 기억나세요?

태어나자마자 우리는 온갖 말에 둘러싸여 자라납니다. 우리가 태어났을 때, 우리를 둘러싼 세계는 우리에게 온갖 말을 축복처럼 부어 주었죠. 맘마 먹자 맘마, 그거 건드리면 지지해,

엄마! 엄~마! 해 봐. 안녕, 저기 멍멍이~ 멍멍이 지나간다~ 엄마가 금방 까까 줄게~.

우리는 수도 없이 엄마라는 말을 듣고 나서 처음 엄마라고 말하기 시작합니다. 이때는 우리의 의식이 아직 만들어지기 전이라서, 뭔가 단어를 배우고 있다는 자각조차 할 수 없어요. 그러니 '엄마'를 어떻게 배웠는지 기억하지 못하는 건 당연합니다.

아기는 금방 두 단어를 연결해서 "맘마 줘" "멍멍이 간다" "엄마 좋아" 같은 말을 하기 시작합니다. 여기서 좀 더 시간이 지나, "엄마 까까 줘" "아빠 안아 줘"처럼 세 단어를 연결한 이후로는 폭발적으로 언어를 말하기 시작해요.

이때부터는 주변에서 하는 말을 스펀지처럼 흡수하고, 수많은 욕구를 한국어로 표현합니다. 말을 하지 못할 땐 기저귀가 젖어도, 배가 고파도, 눈이 부셔도 그저 우는 수밖에 없습니다. 보호자는 울음소리를 이해하지 못하니 속이 터지죠. 아기가 언어를 말하기 시작하면 욕구를 보호자가 알아주는 형태로 전달할 수 있게 됩니다. 배가 고플 때 "으에엥" 하고 울어서 보호자가 이해하지 못했다면, 이젠 "배고파" "맘마 줘"로 말할 수 있게 되죠. 이렇게 아기는 우리의 언어 세계로 들어옵니다.

제가 어릴 때 종종 들었던 말이 있어요. 저는 둘째인데, 엄마가 둘째를 갖기로 결정했던 이유 중 하나는 첫째가 말이 늦어서였다고요. 주변 어른들이 말이 늦는 오빠를 보고 동생이 있어야 말이 빨리 는다고 동생을 가지라고 했다고 해요. 제가 세상에 태어난 이유가 오빠 말을 늘려 주기 위함은 아니겠지만, 다 크고 나서 생각해 보니 일리가 아주 없는 것도 아니었습니다.

왜, 동생이 있으면 말이 빨리 늘까요? 말을 해야 할 필요가 생기기 때문입니다. 콧물을 흘리고 있으면 할아버지가 알아서 코를 닦아 주고, 유치원 갈 시간이 되면 아빠가 알아서 옷을 입혀 주고, 배고플 때가 되면 엄마가 알아서 밥을 먹여 주던 첫째의 세계는 둘째가 생기자마자 크게 무너집니다. 이제 첫째 주변의 어른들은 첫째만 계속 두고 볼 여유가 없어요. 첫째는 자신이 원하는 것을 말로 표현하지 않으면 관심과 돌봄을 받을 수 없습니다. 말을 해야 하는 가장 강력한 동기가 생긴 셈이죠.

동생이 어느 정도 크고 나면 둘도 없는 말 상대와 싸움 상대가 되어 주기도 하고요. 이렇듯 다른 사람이 폭포처럼 부어 주는 말을 들으면서 한국어를 익히고, 당장 해결하고 싶은 욕구를 말로 표현하면서 연습합니다.

그럼 이제 2언어, 영어로 넘어가 볼까요? A lot of는 혹시 어떻게 배웠는지 기억나세요?

저는 아직도 생생하게 기억나요. 초등학교를 졸업하고 중학교에 가서 영어 교과서의 1과 본문을 딱 펼쳤습니다. 모르는 단어가 딱 하나 있더라고요. Lot. 이게 뭔지 몰라서 밑줄을 쳐 두고 있었는데, 영어 선생님이 칠판에 적어 주었습니다. A lot of : 많은. 아 많다는 뜻이구나! 그리고 lot만 쓰는 게 아니라 a lot of를 같이 묶어서 쓰는구나!

1언어와 2언어를 배우는 과정은 다릅니다. 1언어는 인지 기능이 발달하기 전에 습득하기 시작하고, 항상 아이의 현재 상태에 집중되어 있습니다. 아이는 아직 과거, 미래 같은 시간 개념이나 다른 나라, 다른 사람 같은 추상적 개념을 이해할 수 있는 사고 능력이 발달하지 않았으니까요. 그리고 유튜브로 1언어를 배우는 아이는 없으니 항상 면대면 대화를 통해 처음 배웁니다.

마지막으로 거의 예외 없이 듣기, 말하기, 읽기, 쓰기의 순서로 배우게 되고요. 수도 없이 들은 다음에 말하기 시작하고, 학교에 가서 읽고 쓰기를 배우죠.

2언어는 보통 자신이 무엇을 배우고 있는지 자각할 수 있을 만큼 인지 기능이 형성된 후에 배우기 시작합니다. 자기 자

135

신이 '엄마'를 어떻게 처음 말했는지는 기억하기 힘들지만, 2언어의 특정 단어나 문법은 어떻게 배웠는지 기억할 수 있습니다.

또 2언어는 현재 자기 주변에 대한 이야기와 더불어 외국인, 여행, 다른 나라, 현재와 과거와 미래의 시제 같은 새로운 세계와 새로운 시간에 대한 이야기가 나와요. 2언어는 면대면으로 배우기도 하지만, 온라인 학습, 인터넷 강의, 책 독학 등 사람과 직접 대면하지 않고도 배울 수 있어요. 마지막으로 2언어는 듣기, 말하기, 읽기, 쓰기의 순서도 뒤죽박죽 섞어서 배우게 됩니다. 저는 영어는 읽기부터 배웠지만, 일본어는 듣기부터 배웠습니다. 영어는 인쇄 매체로 처음 접했지만 일본어는 영상 매체로 처음 접했으니까요.

이 차이가 무엇을 말하는 걸까요? 1언어와 2언어는 모두 나와 타인 간의 관계에서 처음 얻게 됩니다. 1언어는 엄마, 아빠, 할머니, 어린이집 선생님에게 처음 얻습니다. 이 사람들은 내가 세상에 태어나서 처음 접하는 세계를 만들어 주지만, 내가 선택할 수는 없었던 타인입니다.

반면 2언어는 책, 게임, 비디오, 유튜브, 학원, 학습지, 학교 등을 통해서 만나는 언어입니다. 당장 얼굴을 맞대고 배운 게 아니라 게임 속 가상의 세계에 빠지거나, 학교에서 책을 통해

처음으로 접하죠. 이 모든 매체와 타인은 내 두 번째 세계를 만듭니다. 내가 선택할 수도 있고요. 이 학원이 싫으면 저 학원에 다니면 되고, 이 게임이 싫으면 다른 걸 해도 되는 것처럼요.

1언어와 2언어를 배우는 과정은 다릅니다. 하지만 '다르다'와 '틀리다'는 같지 않아요. 1언어는 1언어만의 방법이, 2언어는 2언어만의 방법이 있습니다. 2언어는 항상 '늦게 배우면 버터 발음을 못 한다' '어릴 때 배워야 더 효율적이다'처럼 납작한 말로만 다뤄져 왔습니다. 꼭 1언어처럼 배워야 성공한다고, 원어민처럼 프리 토킹이 되어야 한다는 말도 많죠.

하지만 정말로 그럴까요? 새로운 언어를 배우는 건 새로운 세계를 만들어 가는 일입니다. 그런 이야기를 나누고 싶어요.

나 자신

타인에게서 언어를 받아 왔습니다! 이제 이다음은요?

인간은 도구를 만들면서 발전해 왔습니다. 뗀석기를 만들다가 간석기를 만들고, 그다음에는 청동기와 철기를 만들면서요. 또 특정 목적으로 만들어진 도구를 전혀 다른 목적으로 쓰기도 합니다.

종이를 잘라야 하는데 가위가 없어서 카드를 대고 찢어 본

적이 있나요? 젓가락을 써야 하는데 마땅한 게 없어서 적당히 기다란 물체를 가져다가 씻어서 젓가락 대신 써 본 적이 있나요? 책상의 높이가 맞지 않아서 삐걱댈 때, 지우개를 적당히 잘라 다리 밑에 받쳐서 높이를 맞춰 본 적이 있나요?

우리 인간은 도구를 만들기도 하고, 이미 만들어진 도구의 외연을 확장하기도 합니다. 그러면서 문명을 만들어 왔어요.

우리가 도구를 만들기도 하지만, 도구가 우리를 만들기도 합니다. 여러분 혹시 스마트폰 타이핑과 키보드 타이핑 중에 어느 쪽이 더 편한가요? 저는 예전 세대라서 키보드 타이핑이 더 편하지만, 제가 교실에서 매일 만나는 대학생만 봐도 스마트폰 타이핑을 더 편해하더라고요. 열 손가락을 다 쓰는 것보다 엄지 두 개로만 타이핑하는 게 더 편한 것 같았습니다.

우리가 도구를 변화시키는 만큼 도구 역시 우리를 변화시킵니다. 열 손가락 타이핑보다 엄지 타이핑이 편해지면서 우리는 더 웅크린 자세로 생활하게 되었고, 목디스크와 거북목을 달고 살게 되었습니다. 일을 하려면 일단 앉아서 열 손가락을 써야 했던 예전과 다르게, 손가락 두 개만 있으면 되니 서서도, 앉아서도, 누워서도, 걸어가면서도 답장을 하고 숙제도 하고 일도 하는 세상이 되었어요.

언어라는 도구 역시 그렇습니다. 우리는 숨 쉬듯 언어를 변화시켜요. 인스타그램 같은 SNS만 봐도 새로 생겨난 단어가 철철 흘러넘칩니다. '먹킷리스트(반드시 먹어야 하는 음식 리스트)' '점메추(점심 메뉴 추천)' 같은 표현은 사전에 등록되어 있지도 않지만 금방금방 생겨나고 금방금방 밀려나요. 단어 레벨이 아니라 문법도 그렇습니다. 예전에는 문자 메시지 글자 수가 70자로 정해져 있었고 메시지 하나를 보낼 때마다 돈이 들었으니, 어떻게든 70자 안에 띄어쓰기 없이 꼭꼭 눌러 담아서 한 번에 보내야 했습니다. 그런데 다이렉트 메시지(DM)은 그런 제한이 없으니 마음대로 보낼 수 있죠.

가령 "내일 저녁 7시에 버블티집 앞에서 만나자"는 말을 하고 싶으면, 예전 문자메시지 시대에는 "낼7시버블티집콜?"처럼 꽉꽉 눌러 쓰는 문법이 유행했습니다. 하지만 요즘은 "낼 / 저녁 / 7시에 / 버블티집 앞에서 / 만나자/ (+스티커)"로 짧게 끊어서 보낼 수도 있고 문장 안에 스티커나 지도 앱 주소 같은 걸 넣어서 보낼 수도 있게 되었어요. 단어도 문법도 커뮤니케이션 방식도 계속 변하죠.

동시에 언어가 우리를 변화시키기도 합니다. 혹시 최근에 새로운 단어를 알게 된 적이 있나요?

141

저는 얼마 전에 뉴스를 보다가 '선종하다'라는 표현을 처음 알게 되었습니다. 죽다, 사망하다, 돌아가시다, 영면하다, 타계하다, 작고하다, 하늘나라 가다, 소천하다 등등 '죽다'에 대한 표현은 수도 없이 많습니다. 그런데 그중에서도 가톨릭에서는 '선종하다'는 말을 쓴다는 걸 저는 이제야 알았어요. 저는 종교가 없고 주변에도 종교를 가진 사람이 거의 없어서 관련 단어를 몰랐던 거죠.

이렇게 한번 새로운 단어를 알게 되고 나니 다른 종교 단어에도 관심이 가더라고요. 새로운 단어를 하나 보고 나니 세상을 칠할 수 있는 물감이 하나 더 생긴 느낌. 새로운 단어를 안다는 건 세상을 더 선명하게 색칠할 수 있는 것 같아요. 마치 12색 물감만 갖고 있었다가 24색 물감을 샀을 때의 환한 느낌처럼요.

반대로 언어를 쓰다 보면 선명도가 아주 낮아지기도 해요. 뭐든지 다 유행어로 '퉁' 치는 경우가 있죠. 친구들이랑 핫플 카페에 가서 느꼈던 건 크로와상 한 겹 한 겹에 녹아 있는 버터의 진하고 고소한 풍미와 나를 보는 친구의 입매 끝에 살짝 숨겨져 있던 따사로움이었는데, 그 다채로운 감정을 "오늘 존잼ㅋㅋ"으로 퉁 치기에는 너무 아쉽습니다. 오늘 가족과 함께 외식했을 때 먹었던 보쌈김치는 아삭함과 시큼함이 절묘한 비율로

섞여 있었는데, "오 개쩐다"로 끝내 버리기에는 그 김치의 절묘함이 너무 아쉽죠. 햇살을 머금은 가을하늘의 맑디맑은 색을 표현하고 싶은데, 3색 볼펜의 무심한 '파랑'으로 죽죽 그어 버리는 것과 크게 다르지 않습니다. 언어가 우리의 감정 표현을 단순하게 바꾸어 버리는 예입니다.

2언어를 말하다 보면 언어가 우리를 얼마나 더 변화시키는지 실감합니다. 저는 일본에 처음 왔을 때 "스미마셍"을 계속 말하는 게 너무 어색했어요. 미안할 일이 아닌데 왜 계속 미안해해야 하는지 납득할 수가 없었거든요. 가게나 식당에서 점원을 부를 때도 스미마셍, 만원 지하철에서 내릴 때도 스미마셍, 음식 주문을 할 때도 스미마셍입니다. 한국어라면 "저기요" "내릴게요" "주문할게요"로 말할 텐데요.

영어 말하기를 처음 시작했을 때는 항상 she와 he를 생각해서 말해야 하는 게 힘들었습니다. 한국어는 누군가를 지칭할 때 그 사람이 맡고 있는 역할을 떠올리죠. 선생님, 관장님, 의사 선생님, 사장님, 부장님 같은 말이 그렇죠. 그런데 영어로 이야기할 때는 선생님을 teacher라고 부르지 않습니다. Ms. Kim처럼 성으로 부르거나 아예 이름을 부르기도 해요. 저는 그 문화가 너무 불편했어요. 유교의 나라에서 온 '유교걸'로서 하늘과 같은 제 지도 교수님을 이름으로 막 부를 수가 없었거든요.

새로운 언어를 말하려면 그 언어의 독특한 가치관을 익혀야 합니다. 일본어는 "스미마셍" 안에 미안하다는 뜻뿐만 아니라 실례하다는 의미도 있다는 걸 머리로는 알고 있었는데, 몸으로 실천하기는 어려웠어요. "스미마셍"이 계속 "미안합니다"처럼 느껴져서 제가 정말로 잘못한 일이 아니면 그렇게 말하기가 싫었거든요.

그런데 일본에 몇 년 살다 보니 저를 지나쳐 가는 사람도, 전철에서 내리는 사람도, 저와 대화하는 제 학생들도, 모든 사소한 일에 스미마셍을 외치더라고요. 심지어 교실에서 지우개를 떨어뜨려도 스미마셍이라고 하더라고요.

이렇듯 만사에 스미마셍을 외치며 조심하는 일본 사람들 사이에 섞여 있다 보니 저 역시도 매번 스미마셍을 외치며 제 주변을 신경 쓰고 조심하게 되더라고요. 좁은 길을 지나갈 때도, 전철에서 내릴 때도, 점원에게 질문을 할 때도 스미마셍 하면서 몸을 구깃구깃 접게 되는 저를 발견했어요. 일본어의 스미마셍이 저를 변화시키더라고요.

영어는 역할로 사람을 부르지 않는 문화다 보니 처음엔 적

응이 너무 안 되었어요. 하지만 문화 자체가 그렇다 보니 저도 따라갈 수밖에 없었죠. 저도 제 교수님을 이름으로 부르고, 제 학생들도 저를 이름으로 불렀습니다.

이 문화에 가랑비 옷 젖듯 푹 젖다 보니 어느새 깨달았어요. 이 사람은 제 지도교수지만 동시에 자전거 타기를 좋아하고 헬스장에서 운동도 자주 하고 명절이 되면 가족이 없어 갈 곳 없는 학생을 불러모아 가족처럼 대접한다는 걸요. 이름을 부르다 보니, 그 사람이 맡고 있는 역할보다는 그 사람 자체가 더 잘 보이더라고요.

그렇다면 이쯤에서 궁금하지는 않나요? 한국어 대신 영어와 일본어로 매일 일하고 있는 사람의 삶이요. 아주 탁월하지 않았던 영어로 어떻게 영어를 가르치고 있는지, 게다가 제1언어가 아닌 제2언어와 제3언어의 세계를 넘나들며 생활하고 있는지.

결론부터 말씀드리면 저는 "어쩌다 보니" 이렇게 살게 되었어요. 가장 배우고 싶었던 교수님이 미국에 있었고, 미국은 박사과정 학생에게 학비와 생활비를 보조해 주는 기회가 있었어요. 운 좋게 이 기회를 잡아 미국에 가게 되었습니다. 졸업할 무렵 취직을 하려고 여러 군데 알아보다 보니 일본에 가게 되었고요. 미국이나 일본에 가겠다는 대단한 결심이 있었던 게 아니라, 그때 하고 싶었고 할 수 있던 일을 하다 보니 여기까지 오게 되었습니다.

나라를 두 번 옮기다 보니 제 언어 창고에는 온갖 도구가 들어찼어요. 한국에서 주워 왔던 제 감정을 표현하는 도구, 미국에서 열심히 모아 왔던 학술 영어 도구, 일본에서 살아남기 위해 필사적으로 익혔던 생활 일본어 도구. 이 모든 게 잡탕으로 뒤섞이게 되었습니다. 그래서 종종 무엇이 어디에 있는지 헷갈려서 엉뚱한 걸 꺼내기도 합니다. "잠깐!"이라고 해야 하는 데 "춋토(ちょっと)"가 먼저 튀어나온다거나, 일본에서 음료를 주문할 때 "프라페치노"라고 발음해야 하는데 영어 프라페(frappe)가 먼저 나와서 민망해진다거나.

제 일은 이 언어 창고에서 온갖 도구를 꺼내다 가판대에 올려놓고 파는 일 같아요. 학술 영어 팝니다, 생활 일본어로 친절히 설명해 드려요. 한국어 생각 팝니다, 미국과 일본에서 열심히 사유하고 경험해 온 것들을 말랑말랑한 언어로 풀어냈어요. 일본어 학습담 팝니다, 이미 언어를 두 개 갖고 있는 사람이 세 번째 언어를 배울 때 어떤 일이 일어나는지 생생히 체험할 수 있습니다……. 이렇게 온갖 도구를 펼쳐 놓고 파는 일을 하고 있습니다.

언어는 마음속에서 내 생각을 빚어 가는 도구가 됩니다. 언어가 생각의 도구라는 말은 단순히 언어를 통해 생각을 한다는 뜻이 아니라, 언어를 통해 내 생각이 형성된다는 말도 되어요. 맑고 투명한 색감의 수채화를 그리고 싶다면 질 좋은 수채화용 물감과 붓이 필요하고, 폭신폭신하고 보들보들한 목도리를 뜨고 싶다면 좋은 털실이 필요합니다. 무언가를 만드는 데는 재료가 필요하듯, 생각을 만드는 데도 재료가 필요합니다. 그 재료는 언어고요.

나는 지금 어떤 재료로 내 생각을 빚고 있는 걸까요? 풍미가 진한 버터와 곱게 갈린 밀가루 같은 언어를 갖고 있다면, 퐁실퐁실한 빵 같은 생각을 빚어낼 수 있습니다. 뼛속부터 알차게 경험과 사고를 쌓아 왔다면, 푹 끓인 곰탕처럼 깊은 생각을 우려낼 수 있고요.

하지만 내가 갖고 있는 언어가 그리 좋은 언어가 아니라면, 아무리 양념으로 가려도 싸구려인 게 티가 나는 음식이 되고 말아요. 내 언어는 나를 만듭니다. 나는 지금 어떤 재료를 갖고 있고, 무엇을 만들고 싶나요?

나, 나와 1언어를 공유하지 않는 사람

새로운 세계에 뚝 떨어졌습니다!

지금까지 한국어로 쌓아 온 내 소통 능력은 이 세계에서 만나는 사람에게 통하지 않아요. 판타지 소설이나 애니메이션을 보면 새로운 세계에 떨어진 고등학생 주인공은 항상 책 몇 줄, 애니메이션 몇 초 만에 새로운 언어를 익혀서 언어의 장벽 없이 소통합니다. 아예 언어의 차이가 존재하지 않는 것처럼요. 그러나 우리는 애석하게도 판타지 세계가 아니라 현실 세계에 살고 있습니다. 그런 일은 우리에게 일어나지 않습니다. 우리는 새로운 언어를 한 땀 한 땀 배워 갈 수밖에 없어요.

하지만 동시에 이런 상상을 해 본 적도 있습니다. 언어가 달라진다는 건 세계가 확 변한다는 건데, 애니메이션엔 그게 표현되지 않으니 아쉽다고요.

저는 대구 출신이라 대구에서 올라와 서울 고속버스터미널에 내렸을 때 항상 말을 한 번 조정하는 시간이 필요합니다. 차로 4시간도 걸리지 않는 거리인데도 말이 달라요. 대구와 부산은 같은 경상도지만 또 말이 많이 달라서 부산역에 내렸을 때도 제 말을 조정해야 하고요.

아날로그 시계 뒤에 달린 시간 조정용 톱니바퀴를 만져 본 적이 있나요? 혹은 시험 때문에 아날로그 손목시계로 시간을 맞춰 본 적이 있나요? 톱니바퀴를 살살 돌리면 분침이 돌아가고, 그걸 몇 바퀴 돌려서 시간을 맞추죠. 다른 언어를 쓰는 사람과 만났을 때 말을 서로 맞추는 것도, 서로의 톱니바퀴를 살살 돌려서 같은 시간대에 있도록 하는 과정이라고 생각한 적이 있어요.

시간은 모두에게 공평히 흐릅니다. 다만 이걸 표현하는 방식이 달라요. 한국과 시차가 한 시간 나는 홍콩 및 말레이시아에서는 광둥어를 주로 씁니다. 이 언어에서 시간을 말하는 방식을 보면 참 신기합니다. 한국어처럼 3시 13분 같은 식으로 쓸 수 없는 건 아니지만, 광둥어는 보통 5분 단위로 시간을 끊어서 표기합니다.

예를 들어 "3시 10분"은 三點二이라고 써요. 맨 첫 번째 한자는 3이고, 중간의 한자는 '점'을 뜻하고, 맨 마지막 한자는 2입니다. 그런데 10분인데 왜 10을 뜻하는 한자, 十이 없을까요? 여기에서 무엇을 보고 10을 유추해 내는 걸까요? 정답은 시곗바늘의 분침에 있습니다. 아날로그 시계를 읽을 때 분침이 2에 있으면 10분이라고 읽죠. 분침이 二(2)에 있으니 10분입니다.

지구상에 살아가는 모든 인간이 시간을 경험하지만, 시간

을 표현하는 방식은 모두 제각각입니다. 시간은 모두에게나 공평히 흐르지만, 시간을 개념화하는 방식은 언어마다 다른 셈이죠. 한국어를 쓰던 사람이 광둥어를 배우다 보면 시간을 5분 단위의 분침으로 다시 생각해야 합니다. 반대로 광둥어를 쓰던 사람이 한국어를 표현하려면 5분 단위의 분침이 아니라 더 세밀한 1분 단위의 디지털 시계로 생각해야 하고요.

시간에 관련된 이야기를 약간 더 할게요. 한국어와 영어에서 시간을 직선 위에 표시하라고 하면 보통 왼쪽을 과거, 중간을 현재, 오른쪽을 미래로 씁니다. 그러나 아랍어를 쓰는 사람 같은 경우는 시간을 반대로 생각해요. 오른쪽부터 왼쪽으로요.

예를 들어 달력 역시도 1, 2, 3이 아니라 3, 2, 1으로 쓰여 있습니다. 왜 그럴까요? 간단합니다. 아랍어는 오른쪽에서 시작해서 왼쪽으로 써요. 그러니 오른쪽 끝에 펜을 대기 시작해서 왼쪽 끝에서 끝나죠. 시간은 펜이 종이와 접한 오른쪽에서부터 흐르기 시작하고, 종이에서 펜을 떼는 왼쪽 끝에서 끝납니다.

혹시 애니메이션 〈시간을 달리는 소녀〉의 포스터를 본 적 있나요? 주인공 소녀는 오른쪽에서 왼쪽을 향해 뛰고 있습니다. 한국어로 해석하면 미래에서 과거로 뛰는 거겠죠. 실제로 주인공은 여러 번 과거로 점프합니다. 다만 이 포스터의 아랍어판이 나온다면, 왼쪽에서 오른쪽으로 뛰지 않을까요?

지금까지는 왼쪽과 오른쪽, 혹은 오른쪽과 왼쪽, 시간이 수평선 위에서 움직이는 예를 봤어요. 하지만 시간은 위에서 아래로 흐르기도 합니다. 한국어의 '지난주'와 '다음 주'는 중국어로 上周(상주)와 下周(하주)라고 씁니다. 말 그대로 윗 주와 아랫 주가 되지요. '오전'과 '오후' 역시 우리는 '전'과 '후'로 표기하지만 중국어는 上午(상오)과 下午(하오), 즉 '아래'와 '위'로 쓸 수도 있습니다. 과거가 위, 미래가 아래입니다.

왜 중국어는 수평선이 아니라 수직선으로 시간을 표기할까요? 한국의 고문서를 봐도 나타나듯, 중국어는 위에서 아래로 글자를 써 내려갔던 흔적이 혹시 지금까지도 언어에 그대로 남아 있는 거 아닐까요?

왜 이런 게 중요할까요? 아주 당연해 보이는 관념이라도 언어에 따라 다르게 표현합니다. 우리의 사고도 그만큼 유연해지게 되고요. 3시 10분을 표현하고 싶다면 한국어에서는 10분이라고 얘기하면 되었지만, 광둥어를 할 때는 2를 떠올릴 수 있어야 해요. 분침이 2에 있으니까요. 한국어에서는 당연히 시간이 수평으로 흘렀지만, 중국어를 배우다 보면 시간을 아래와

위로 다시 생각해야 합니다.

우리가 이런 표현을 배울 때는 의식하지 못하지만, 언어는 사고를 형성해 가는 틀이에요. 2언어 이상을 할 수 있는 사람은 시간을 수직으로도 수평으로도 생각할 수 있는 사고의 유연성을 얻는 거죠.

보통 외국어 문법 책을 사면 1장이 시제와 상입니다. 과거, 현재, 미래, 진행, 완료 등 온갖 게 다 나오죠. 지금 당장은 시험을 위해서 지식을 얻는 공부가 필요할지도 모르겠습니다. 다만 시간을 인식하는 방식이 언어마다 다르다는 걸 알아야 왜 이런 표현이 나오는지도 이해할 수 있어요. 영어에서 미래를 표현할 때 자주 쓰는 조동사 will은 wish 및 want를 뜻하는 고대영어 willan에서 왔어요. 자신이 원하는 것이나 소망하는 것은 보통 현재에는 없습니다. 아니 현재에 없으니까 원하고 소망하는 것일지도 모르죠. 영어에서 현재와 미래는 will로 구분됩니다.

하지만 언어에 따라서 현재와 미래를 will과 같은 문법으로 구분하지 않기도 합니다. 중국어와 일본어가 그렇습니다. 한국어도 어느 정도는 그렇고요. 예를 들어 한국어는 "비 왔다" "비 온다" "비 올 거다"와 같이 과거, 현재, 미래를 구분하지만, "내일 비 온다"처럼 '내일'이라는 단어를 붙여 미래를 표현해도 큰 무리는 없습니다. 그러나 중국어나 일본어는 '~것이다'와 같은 미래 시제의 문법을 쓰는 게 아니라 단어나 맥락을 붙여 표현합니다. 영어보다는 현재와 미래의 구분이 약한 셈이죠. 현재의 문법을 써서 미래의 의미를 나타낼 수 있으니까요.

"내일 공부해"와 "내일 공부할 거야"의 차이는 뭐라고 느껴지세요? 앞의 말은 이미 내일 공부해야 한다는 게 정해져 있는 느낌, 뒤의 말은 내일 공부할 계획이 잡혀 있고 아프거나 귀찮거나 하면 안 할 수도 있다는 느낌으로 다가와요. 일본어와 중국어를 쓰는 사람들은 미래를 "내일 공부해" 정도로 가깝게 느끼는 거 아닐까요? 적어도 will을 써서 현재와 미래를 구분하는 영어보다는 더 가깝게요.

지금까지 시간에 대한 이야기를 해 보았습니다. 시간은 누구나 공평하게 경험하지만, 언어마다 다르게 표현합니다. 새로운 언어로 새로운 사람과 말하는 건, 내 언어의 톱니바퀴를 살살 돌려 내 시계의 분침과 초침을 상대의 시간대와 비슷하게 조정하는 게 아닐까요? 상대도 역시 상대의 톱니바퀴를 살살 돌려서 우리에게 맞추어 주고 있을 거고요.

세상 모든 아날로그 시계가 완벽히 같은 시각을 가리키지는 않습니다. 그러나 우리는 그 정도의 오차는 용인하면서 살죠. 서로 다른 언어를 쓰는 사람이 한 언어로 소통한다는 건 이 아날로그 시계를 맞추어 가는 일 같아요.

시간은 왼쪽에서 오른쪽으로 흐르기도 하고, 그 반대로 흐르기도 하고, 위에서 아래로 흐르기도 합니다. 현재와 미래를 문법으로 뚝 잘라 구분하기도 하고, 미래를 현재의 연장선상에서 바라보기도 합니다. 지금까지 시간의 존재는 우리에게 너무나 당연했죠. 마치 공기처럼요. 새로운 언어로 새로운 사람과 이야기하는 일은, 이렇게 아주 당연했던 관념조차 유연하게 바꾸어 가는 과정이라고 생각해요.

나의 세계를 언어로 확장하기

물은 위에서 아래로 흐르죠. 말도 흐르는 방향이 있습니다.

말은 타인에서 나에게 흘러옵니다. 수도 없이 '엄마'란 말을 듣고 나서 엄마라고 말하기 시작했고, a lot of를 교과서와 선생님에게서 배웠던 것처럼요.

나에게 흘러온 말은 내 머리로 다시 또 흘러갑니다. 말을 통해서 생각을 할 수 있게 되죠. 저기 꼬불머리를 한 사람은 우리 엄마고, 저기 과자가 쌓여 있는 건 a lot of로 표현할 수 있다고. 머릿속에서 이미지를 떠올려 생각할 수 있게 됩니다. 머리로 흘러온 말은 다시 입을 통해 타인에게 흘러갑니다. 엄마에게 'a lot of 과자'를 달라고 말할 수 있게 되고, 'a lot of 과자'를 받아들고 나서 아주 맛있다고 감상을 표현할 수도 있어요.

2언어의 경우도 그렇습니다. 타인에서 나에게 흘러와요. 수도 없이 봤던 영어 드라마와 일본어 애니메이션, 중국어 영화, 학교에서 만난 영어 선생님, 유튜브 아이돌 영상에 수도 없이 달려 있는 영어 댓글. 이 언어가 나에게 흘러오고, 내 생각을 만들어 줍니다. 그렇게 만들어진 내 생각은 나를 변화시키고, 또 타인에게 흘러갑니다. 아날로그 시계의 톱니바퀴를 돌돌 돌리면서, 상대방과 나의 시간대를 맞추는 소통을 할 수 있게 되어요.

그런데 요즘은 말의 흐름에 큰 변화가 생겼죠. 어디를 가나 이런 말을 듣습니다.

"이제 인공지능과 번역기가 있는데 뭐 하러 2언어를 공부해야 하나요?" "해외여행 가서도 스마트폰 앱으로 사진만 찍으면 전부 번역해 주고, 앱에다 대고 말하면 실시간으로 외국어로 통역해서 말하는데 뭐 하러 언어를 배우나요?" "그냥 AI에다가 한국어로 몇 마디 넣으면 영어 에세이가 뚝딱 튀어나오는데 뭐 하러 내가 그걸 한 줄 한 줄 써야 하나요?"

저는 이런 말을 들을 때면 이렇게 답해요. 왜 아직도 손글씨를 쓰는지, 왜 아직도 종이책이 있는지, 왜 아직도 손으로 만든 수공예품이 인기가 있는지, 유튜브로 보면 되는데 왜 엄청난 경쟁을 뚫고 티켓팅을 해서 거금을 내고 아이돌 콘서트에 직접 가는지, 친구랑 그냥 화상 통화 하면 되는데 뭐 하러 약속 잡아서 같이 놀러 가는지. 이 모든 질문의 답과 맞닿아 있는 거 아닐까 해요.

손글씨, 종이책, 수공예품, 콘서트, 친구와의 약속. 모두 사람과 사람을 직접 이어 주는 매체입니다. 우리는 사람과의 관계 안에서 살아갑니다. 디지털 속의 세상으로 들어가 사는 건 불가능해요. 누군가가 내게 써 주는 손글씨에 감동을 받고, 종이책을 손으로 사각사각 넘기는 감촉을 사랑합니다. 똑같이 찍어 낸 공장 제품이 아니라 수공예 액세서리 안에 든 정성에 감사함을 느끼고, 아이돌이 내 눈앞에서 부르는 노래 목소리에 마음이 움직입니다. 친구를 직접 만나서 무언가를 함께할 때 즐거워지고요.

새 언어 역시 똑같습니다. 번역 어플을 통해 의사소통하는 건 어렵지 않습니다. 여행 가서 음식 주문을 할 때, 길을 물을 때 아주 편리하게 쓸 수 있습니다. 메시지나 메일을 보내는 것도 이제 어렵지 않고요.

하지만 그 이상으로 가기가 어렵습니다. 영화나 애니메이션의 명대사를 번역된 자막으로 들을 때, 실제 원어 음성으로들을 때 느껴지는 감정은 전혀 다릅니다. 번역기와 손짓발짓으로 소통할 때와, 실제로 내가 원어로 이야기했을 때 느껴지는 뿌듯함은 완전히 다릅니다. '최애' 걸그룹을 유튜브로 볼 때와 실물로 만났을 때의 차이라고 할까요. 그리고 그 새 언어를 통해 내 생각도 새롭게 만들어지고, 내 1언어 세계의 밖을 볼 수 있게 되고요.

그렇다면 어떻게 언어를 늘려 가면 될까요? 내 언어는 어떻게 확장되는 걸까요?

질문에 대한 답은, 질문을 하는 사람 안에 이미 있다고 생각해요. 그 답을 끌어내는 과정이 필요할 뿐이죠.

저는 항상 새 언어를 배우는 편인데요, 새 언어를 배울 때마다 저도 몰랐던 제 자신을 발견하고 있습니다. 영어를 배울 때는 제가 새로운 소리를 입으로 내 보길 좋아한다는 걸 발견했고, 일본어를 공부할 때는 제가 단순 암기에 너무나 취약하니 단어를 외우는 것보다 차라리 문맥이 있는 예문을 다 외우는 게 효율적이라는 걸 깨달았으며, 프랑스어를 공부하면서는 제가 제 자신에 취하는 걸 정말 좋아한다는 걸 알았어요.

그래서 영어를 배울 때는 말을 많이 해 보고 싶어서 영어 토론 동아리에 들어가 말이 안 되는 말이라도 계속 입 밖으로 내 보았습니다. 지금도 이동할 때는 영어 팟캐스트를 들으며 소리를 내지 않은 채 입 모양으로만 따라 하면서 잊어버리지 않으려고 노력합니다.

일본어를 공부할 때는 단어장 한 권도 못 떼는 자기 자신에게 자괴감이 들어서, 원서를 많이 읽으면서 원서 안에서 단어를 외우려고 노력했어요. 프랑스어를 공부할 때는 주변에서 쓸 일이 잘 없는 언어니까 일부러라도 쓸 일을 만들었어요. 온라인 강의를 듣고, 시험에 등록하고, 몇 년 후에는 꼭 프랑스에 가 보겠다고 돈을 모으고 있습니다.

자신을 알고, 목적을 알고, 쓸 수 있는 자원을 알아야 계속할 수 있습니다. 먼저, 나 자신은 어떤 학습자인가요? 나는 무엇을 좋아하고, 무엇을 싫어하고, 무엇을 할 때 길게 꾸준히 할 수 있나요?

우리는 사실 우리가 생각하는 것보다 우리 자신을 잘 몰라요. 직접 해 보기 전까지는 잘 모릅니다. 저도 여러 언어를 배우면서, 저는 단기 기억력이 거의 0에 가까워서 단어 암기를 아예 못 하는 사람이라는 걸 깨달았어요. 단어 암기를 못 하니 읽거나 듣는 양을 늘려서 그 안에서 문맥으로 단어의 뜻을 파악하는 방식으로 공부합니다. 문법 역시도 문법을 먼저 배우고 적용을 하는 것보다는, 예를 먼저 많이 본 다음에 문법의 의미를 맞추는 공부가 더 잘 맞는 사람이라는 것도 알았고요.

종이에 뭔가를 쓰는 걸 좋아하기 때문에 종이책에 사각사각 낙서를 해 가며 공부해야 오래할 수 있다는 것도 경험을 통해서 알았어요. 자기 자신이 어떤 학습자인지 실험해 보세요. 자신을 알아야 자신에게 맞는 공부 방법을 찾아갈 수 있어요.

그리고 왜 이 언어를 공부하려고 하는지도 알고 있어야 합니다. 거창한 목적일 필요는 없지만, 나 자신을 설득할 수 있는 목표여야 합니다. 없으면 만들 수도 있고요.

저는 영어 글쓰기를 할 때 학교 튜터를 1주일에 1번은 꼭 찾아가는 목표를 만들었어요. 튜터를 만나려면 튜터에게 보여줄 글을 써 가야 하니까 일주일 내내 그 글을 쓸 수밖에 없었거든요. 예약을 해 두었으니 취소할 수는 없고, 하지 않으면 안 되도록 자신을 강제해 버렸던 거죠.

일본어를 공부할 때는 시험 점수가 전혀 필요 없지만, 일부러 시험을 등록했어요. 그렇게라도 해야 공부를 할 것 같았거든요. 그 누구도 자기 자신을 속일 수는 없습니다. 나 자신도 왜 하는지 납득하지 못하는 공부는 오래 지속할 수가 없어요.

내가 왜 이 공부를 하려고 하는지 알아야 합니다.

마지막으로 내가 쓸 수 있는 언어 공부의 자원을 파악해야 합니다. 세상이 좋아져서 책이나 대면 강의, 학습지 외에도 유튜브, SNS 쇼츠, 온라인 강의, 언어 학습 앱, 인공지능, 영화, 소설, 웹사이트 등 공부를 할 수 있는 자원이 무궁무진하게 많아졌습니다. 외국인이 많은 곳에 가거나 언어교환을 하면 실제로 그 언어를 말해 볼 기회도 얻을 수 있고, AI 소프트웨어와 대화를 할 수도 있고요.

저는 종종 영어 글쓰기를 할 때 AI와 이야기해 보면서 어느 표현이 더 어울릴지 판단하기도 하고, 일본어 애니메이션을 볼 때는 일본어 자막을 켜고 새로운 단어는 스마트폰에 메모를 남겨서 단어장을 만들기도 해요. 밥 먹을 때 밥친구 영상이 필요하면 프랑스어 온라인 강의를 틀어 놓기도 하고요.

내 24시간 안에서 어디에 어떤 자원을 배치해서 쓸지를 정해서 쭉 실천해야 해요. 내 언어의 길은 내가 만들어 가는 거예요.

언어를 공부하는 건 세계의 경계를 쭉쭉 밀어 보는 일 같아요. 갑자기 한국에서 미국으로 가는 것처럼 이전 집단과 완전히 단절하고 새로운 세계에 가는 게 아니라, 내가 지금 갈 수 있는 곳의 경계를 조금씩 밀어 보는 거죠. 다른 사람과 이야기하며 새로운 말을 계속 줍고, 그 말을 통해서 내 생각을 만들고, 또 그 말로 내 새로운 생각을 타인에게 보내는 거죠.

그렇게 말이 흐르고, 생각이 흐르고, 흐른 만큼 내 말도 생각도 깊어지고 넓어지는 것 같습니다. 그렇게 조금조금씩 밀어 본 경계만큼, 내 세계가 되는 거라고 생각해요.

『어느 언어학자의 문맹 체류기』
(백승주 지음, 은행나무, 2019)

같은 음식을 파는 곳이라도 어느 집에 가면 특히 맛있다고 느껴 본 적 있나요? 이 책이 그렇습니다. 같은 이야기라도 더 맛깔납니다. 외국인에게 한국어를 가르치는 일을 10년 동안 하다가, 중국에 1년간 파견되어 완전한 문맹으로서 살아가는 이야기를 담은 책이에요. 너무나 당연한 일상을 새롭게 보고 싶을 때 추천합니다. 책을 여는 순간부터 훅 빠져들어 가는 인문 에세이의 매력은 덤이고요.

『단단한 영어공부』 -내 삶을 위한 외국어 학습의 기본
(김성우 지음, 유유, 2019)

이정표가 없는 공부는 지치기 마련입니다. 문제집 풀고 학원 가는 거 외에 다른 영어공부 방법은 없을까? 맨날 틀리기만 하는 문법 왜 배워야 할까? 실컷 공부해 봤자 영어로 말도 못하는데 왜 배워야 될까? 이 책은 정답을 맞히기 위한 영어공부에 지쳤을 때, 내 영어공부의 로드맵을 다시 그려 보고 싶을 때 이정표가 되어 줍니다. 설명이 친절하고 간결해서 한 번에 읽을 수 있습니다. 책을 탁 덮었을 때, 어디를 향해 어떻게 나아가야 할지 머릿속에 지도가 그려질 거예요.

혹시 내 언어가 나를 옭아맨다는 느낌을 받은 적이 있나요? 저는 어릴 때부터 한국어의 호칭어를 일부러 외우지 않았습니다. 사촌 삼촌 큰어머니 작은어머니 숙모 이모 고모 등등, 서로 다 가족인데 왜 다른 이름을 붙여야 하는지 이상했어요. 왜 식당'이모'라고는 부르는데 식당'고모'라고 부르지 않는지도 이상했고요. 이 책은 내가 매일 쓰는 한국어를 다시 바라볼 수 있도록 해 주는 책입니다. 왜 어떤 단어가 불편했는지, 왜 어떤 말을 들을 때마다 기분이 나빴는지 명확히 알려 줍니다. 그리고 서로를 존중하는 대화를 할 수 있도록, 내 언어 감수성을 탄탄히 키워 줍니다.

언어에는 문화가 녹아 있다고 합니다. 그런데 구체적으로 어떻게 언어에 문화가 녹아 있다는 말일까요? 이 책은 독일어 단어 하나하나에 담겨 있는 문화를 재치 있는 입담으로 풀어냅니다. 독일 유치원은 아이가 졸업할 때 아이를 던지는 문화가 있다고 합니다. (당연히 안전하게요!) 왜 졸업하는 아이를 던질까? 던진다는 단어가 독일어에서 갖는 의미는 무엇이길래 아이를 던지는 걸까? 이 책은 독일어 각 단어에 녹아 있는 문화와 교양 지식에 푹 빠질 수 있도록 여러분들을 '던져' 줄 거예요.

와, 책의 마지막 페이지에 이르렀습니다. 수고 많았어요!

이야기를 마치기 전에 다시 한번 질문을 던져 보겠습니다.

Q. 우리는 왜 공부를 하고 있을까요?

Q. 공부만이 인생의 정답일까요?

Q. 그게 아니라면 어떠한 대안을 찾아야 할까요?

이 질문들에 위풍당당 답하는 사람은 많지 않을 거예요.

학교를 졸업해도, 어른이 되어도, 마찬가지입니다.

어쩌면 우리 모두는 삶이라는 과정 속에서

'자기만의 공부'를 하는 것일 테지요.

한 권의 책으로 모든 게 달라지지 않겠지만,

꼬리에 꼬리를 무는 질문을 통해 넓고 다양하게 생각해 봐요.

생의 모든 순간에 마주하는 '배움'을 익히다 보면

주체적인 삶, 타인에 대한 포용과 배려,

세상을 향한 이해를 키워 갈 거예요.

내 삶에 필요한 한 가지를 찾아가는 공부는 현재 진행 중!

내 삶에 필요한 한 가지를 찾아가는 인문학 수업

공부가 인생에 무슨 쓸모인지 묻는다면?

1판 1쇄 발행   2025년 3월 10일
1판 2쇄 발행   2025년 5월 10일

지은이   이진민, 하성란, 백정연, 김미소

편집   이혜재
디자인   MALLYBOOK 최윤선, 오미인, 조여름
제작   세걸음

펴낸이   이혜재
펴낸곳   책폴
출판등록   제2021-000034호
전화   031-947-9390
팩스   0303-3447-9390
전자우편   jumping_books@naver.com

© 이진민, 하성란, 백정연, 김미소, 2025

ISBN 979-11-93162-45-3 (43100)

너와 나, 작고 큰 꿈을 안고 책으로 폴짝 빠져드는 순간
책폴

블로그   blog.naver.com/jumping_books
인스타그램 @jumping_books